U0108787

Jeff Galloway
跑步訓練手冊

Jeff Galloway 著　尹芳譯

Jeff Galloway 跑步訓練手冊

Original Edition @ 2005 by Meyer & Meyer Sport (UK) Ltd.
Forth edition @ 2011 by Meyer & Meyer Sport (UK) Ltd.
Chinese right is authorized by Meyer & Meyer Verlag, Germany.

Jeff Galloway 跑步訓練手冊

作　　者：Jeff Galloway

翻　　譯：尹　芳

責任編輯：林婉屏

封面設計：李小丹

出　　版：商務印書館（香港）有限公司

　　　　　香港筲箕灣耀興道 3 號東滙廣場 8 樓

　　　　　http://www.commercialpress.com.hk

發　　行：香港聯合書刊物流有限公司

　　　　　香港新界大埔汀麗路 36 號中華商務印刷大廈 3 字樓

印　　刷：中華商務彩色印刷有限公司

　　　　　香港新界大埔汀麗路 36 號中華商務印刷大廈 14 字樓

版　　次：2015 年 3 月第 1 版第 3 次印刷

　　　　　©2013 商務印書館（香港）有限公司

　　　　　ISBN 978 962 07 3422 9

　　　　　Printed in Hong Kong

目　錄

港版序：跑步有甚麼好處呢？

　　每個星期都有幾十個跑步初哥向我講述跑步帶給他們的驚喜體驗，同時又向我請教了許多問題。為何跑步可以增進友誼和社交關係呢？為甚麼跑步後我的態度更積極了？為甚麼我的思維比以前更敏捷了？大多數人跑步的初衷基於改善個人健康，後來卻發現跑步還能令他們即使在忙碌的日子裏也不自覺地邁出家門，因為跑步無形中增強了人們的自信、賦予力量。已有幾十萬跑步者談過這些積極的變化，所以很明顯：跑步不僅能令身體、心靈和身體達到更佳狀態，而且更為人們帶來積極的能量。

　　我13歲開始跑步，當時既懶又癡肥，令學校強制要求我去跑步。然而，我很快就發現跑步能為我帶來活躍的思維和充沛的精力。沒多久，我就和跑步成為好朋友，到目前為止已經持續了50年。在我組織的跑步小組裏，成員往往也變得越來越積極、喜歡分享及樂於助人。真誠的私人友誼之後，往往帶來商業夥伴、社交活動、良師益友等成果，有時甚至是一段美好姻緣的起點。集體跑步通常可以令人們逐漸增加活力、幽默感，也喜歡與人分享生活中的快樂等，這些往往是其他活動無法體驗的。眾所周知，跑步還會為健康帶來許多有益的好處：強筋健骨、改善心血管能力、提升燃脂水平、提高肺部效率、降低膽固醇和血壓以及加強關節健康等。還有許許多多的研究，也許對你來說是老生常談：跑步者比非跑步者長命 5 到 7 年，老年生活質量往往也更高等。

在我的作品《思想訓練》裏的研究發現，跑步最令人興奮的發現就是"強化思想"：腦細胞增長、決策更加果斷、更擅於解決問題、面對困難的忍耐力也提高了，並更有效及更有自信地對抗精神上的難題。跑步的人，往往能激發大腦中額葉的執行，從而更有效地管理潛意識和情緒，專注力也越來越好。

跑步過程中，態度積極了、壓力得到管理，個人力量和幸福感也油然而生。適當地控制跑步速度並插入健步間歇，跑步者就能享受到其他活動無法帶來的自由體驗。一場跑步完全可以把負面的思維轉化為積極的思想，跑步者往往到達終點時也很快樂。

本書將簡要介紹一些基本概念，有助跑步者避免疼痛的同時獲得跑步帶來的益處。其中，最有效的辦法當屬我的"跑—走—跑"模式。近 30 萬跑步者在採用這個簡單的概念後，已獲得成功。很多不能跑步的人還能採取其他的跑步計劃。

本書想傳達這個訊息給大家：你能完全掌控自己的運動和生活。書裏還有更多關於耐力、營養、動力、保持無傷、正確的跑步姿勢等等有用的資訊。太多值得你期待的全攻略。

Jeff Galloway

前言：你可以成為一位跑步者！

　　幫助和改變超過 15 萬人成為精力充沛的跑步者後，我很清楚地知道其實幾乎所有人都能達到這樣的狀態，而且過程未必是痛苦且令人沮喪的。所有開啟這一過程的必要因素只有一個——就是你的慾望。不僅僅是跑步的慾望，還包括改善身體健康、心靈和精神健康的慾望。

　　生活中，很少有經驗像跑步般，能從不斷超越自己中得到滿足感。當我們認為無法再多跑一英里，但最後卻能完成目標。專家認為，跑步令我們找回最原始的根。原始人以小群體邊走邊跑地在歷史中遷徙，給人類建立出人類獨有的特徵。當我們氣喘吁吁地爬坡回家時，很可能和一百萬年以前的祖先經歷着同一種感受。

　　跑步其中一個最大驚喜是它的愉悅性。毫無疑問，我們中的確曾有些人也因為跑得太遠或太快而有過不好的體驗。但是，如果你選擇適度控制你的時間表，降低配速，在需要健步間歇時做好準備，並且保守地進行跑步的話，就會避免跑步帶來的負面影響。你也許要花上數週來糾正自己的錯誤，但是當一切回歸正軌的時候，你就會得到每一次跑步所帶來的回饋。

　　跑步過程中形成的社交網絡和友誼則是另一種快樂，有更合適的一個名稱，叫"關係"。實際上，每位你遇到的跑步者都會向你表示歡迎並幫助你。但有時你也許並沒法跟別人在每個主題上都保持相同的意見，你是自己的船長，你能決定選擇哪一條路。而在這本書裏，我則會直接給你提供指導並給予有效的建議。

大多數人開始跑步主要是出於心底的一種衝動。在個人成長的歷程中，我們心裏總不時渴望尋找一點點挑戰。跑步要求一種特別的動力，而這種動力來自我們體內所有的力量泉源。當我們內心有一點點掙扎時，總發現要克服它比想像中難。

我想邀請大家來到跑步的奇妙世界，也許你連邀請都不需要。當你跑步的時候，拋開繁文縟節，進入一個令你感覺自在的世界。你可自由選擇想要的方式，我希望你也能偶爾邀請他人加入。經驗告訴我，這可加強個人的成長和滿足感。

或許你仍有疑慮，但我希望你相信你能做得到，去馬路、小徑或跑步機試一試都好。如果你能規律地跑步，短時間內你就會意識到自己由內而外散發着光彩：因為你會慢慢把所有關於跑步的好處都連在一起。跑了 50 年的我，仍然不斷發現跑步所帶來的好處，並且享受着當中所邁出的每一步。

本書中向你提供的建議，來自於不同的跑步者，並不是醫療諮詢或科學結論。有關這些領域的更多訊息，可以向醫生諮詢或查閱醫學期刊。總而言之，笑着享受跑步吧。

Jeff Galloway

Chapter 1

跑步之前
思考一下

為甚麼要跑步呢？

"起初我需要不斷地閱讀有關跑步的各種好處來鼓勵自己邁出家門。現在，當我不斷地講述跑步是多麼棒的時候，我的朋友卻叫我閉嘴。"

許多研究人類起源的科學家認為，在人類還沒有聰明到製作工具和協調打獵策略之前，我們的祖先之所以能生存下來，是因為他們一整天都在進行長距離的走路和跑步來收集食物。

因為氣候日益乾旱，令食物數量下降，缺乏速度和力量的祖先們不斷遷移，收集其他動物忽略或落下的"剩飯"。而這些原始人的祖先，就在長距離行走中鍛煉了肌肉，心理和心靈上也得到了回饋。

所以，很多專家認為，人是一種需要長途跋涉而行走的動物，因此令人類進化。也有研究原始人的專家認為，每年僅行走幾千英里，便可加強人性的合作精神和相互支持。

有甚麼證據證明人類的祖先有跑步呢？拿肌腱來說，是一個了不起的機動部分，只需一點點力量，便能令人快速移動。單憑走路則達不到這樣的複雜程度。生物機動專家認為，腳踝進化到高級階段是因為人類祖先早期的跑步所達成的，而證據就是——人天生就會走路和跑步。

跑步比健步好嗎？

健步走是一項很好的運動，因為它的創傷很少，同時還能燃燒卡路里、促進健康。一旦身體調節到了消遣式的走路，就能在不知不覺中燃燒掉大量的卡路里。本書的目的不是令走路者變為跑步者，但事實上有相當比例的跑步者是從健步或走路開始的，他們會持續有規律地健步。

跑步者的進化過程

最初，健步對於久坐不動的身體來說是一個小小的挑戰。

⇩

每次健步都會帶來淋漓盡致的放鬆和內心的滿足感。

⇩

但經過幾週或幾個月規律的健步，健步者的健康水平改善速度比健步後慢了。

⇩

健步者在每日健步中插入一些短跑。

⇩

跑步間隔變得越來越多。

⇩

跑一走日子之後，健步者比健步初期的感覺還好。

⇩

健步者變成了跑步者。

跑步的理由

許多健步者開始跑步的原因是不得不縮短運動時間。通常也是因為碰上一個鄰居、同事、親戚等，剛好那個人穿着 T 恤，跑步穿過你家的社區。每個人因為跑步而帶來的好處也大不相同。我日常所了解到滿

意的跑步 "客戶"，通常是因為以下這些簡單原因：

健步者變成跑步者的首要原因：

1. 同樣距離，跑步燃燒的熱量是健步的兩倍
2. 跑步更令人放鬆
3. 跑步更能有效地控制脂肪
4. 當日跑步後，人的態度變得更積極
5. 跑步只需要健步三分之一的時間，即可燃燒相同熱量
6. 跑步往往可以令人的體能保持在更加穩定的狀態
7. 跑步賦予人們更強烈的成就感
8. 跑步具有其他活動無法具備的自由

　　當你開始跑步的時候，你會發現身、心、靈通通呈現一系列積極的感受和體驗。這就是你的身體克服疲勞、疼痛和精神疑慮等挑戰的方式。當你處理它們的時候，你便被牽引出內裏的力量，而這種力量乃來自人類最深處的本能。然後，心靈得到洗滌。極少有運動能像跑步一樣令人的內部意識更強大或更直接地聯繫到我們自己的身體。

心理回報

　　身體上的回報會在日後呈現得更明顯，但大多數長時間的跑步者們反而更加感激心靈上的回饋，獨一無二且日益強大。我每天都聽說跑步者們參加了生活裏的各種活動，他們不斷告訴我跑步比其他任何活動的感覺都要好。

"跑步者的興奮"

　　如果你期望每次跑完步都能捲入興奮的話，恐怕是要失望了。只有極其少數的跑步者偶爾會有這樣的體驗。大多數人，都會感受到輕

鬆、身體健康得到改善，自信愈來愈強。一旦當你習慣了這些微妙的回報後，它們漸漸成為你日常生活中重要且有力的動力。

但是，也不要因為跑步者不能每天都感到興奮而為此沮喪。有些人在跑步第一天已感覺良好，然而大多數的跑者在感覺穩定之前，還會感受到許多高峰和低谷。如果你的朋友看起來比你還享受跑步的話，你還是耐心點，靜觀其變吧。打好身體的調節基礎，微調一些元素，你就可以幾乎每天都能享受跑步的快樂。

腦內啡

這類激素是天然的止痛劑。但是，他們具有積極的心理效應，即使在跑步結束數小時後還能持續產生動力。當你開始跑步的時候，內部監測體感受到了疼痛，會激發腦內啡來管理疼痛。許多好處，像跑步所帶來的放鬆和積極態度都源自這些天然的藥物——而且完全合法呢。

活力

跑了一場步過後，你會覺得用來應付一天挑戰的動力和意識都被激發了，或者說，良好的態度會幫你享受自己的自由時間。當你帶着自己的心去跑步時，你會感到更有活力，而且這種活力即使不能持續整天也會持續幾個小時。如果你沒有這樣的感覺，相信你需要作出改正，本書在後面也提到往往要調整你的配速或飲食。

端正態度

跑步是幫助人們改善態度的最佳活動。關於態度的研究中，人們參與各式各樣的體育、愛好、藝術和其他生活活動，當中跑步者是最積極的，而也最不消極（抑鬱）。幾乎每次跑完步後，如果你的配速是相對保守且距離適宜，態度就會更積極。舉棋不定的時候，在起點放慢速度並多加幾個健步間歇。

成就感

完成一定的距離後會產生成就感。這是一個簡單但又有滿足感的回報，由人類的祖先傳遞下來的。情況就是當我們已經完成當天的距離時就會感覺更佳。當你恢復當下的耐力水平後，甚至自尊也更強了。當你在長跑中跑得更遠時，內心會油然而生一種其他運動無法帶來的光輝。

馬拉松對於許多人來說已經成為生活中成就感的主要來源。實際上，每年能完成一項 26 英里賽程的人只有參賽人員的千分之一。通過我的跑走方式和保守訓練，幾乎每個人都能完成馬拉松比賽。完成這項比賽或任何目前你覺得是挑戰的活動所產生的成就感，在人們逐漸改善後，往往能持續一輩子。

創造力

一些藝術家朋友告訴我，他們跑步的原因是為了創意。眾所周知，有時跑步是啟動右腦（創意的直覺中心）的最佳方式之一。當運動員開始進行右腦的遊戲、賽跑或比賽等時，會忽然說："狀態來了"。當你運動到一定的水平時，步伐上穩定的韻律就能刺激右腦活動，然後你也可以達到同樣的境界。

當面對着想了一整天都沒法解決的問題時，很多朋友都試過在跑完一場步過後，問題竟在腦中忽然迎刃而解。比如，我們在工作時經常使用左腦的理性部分，因此便遇上邏輯障礙。跑步時，具有創意的右腦靜悄悄、不知不覺地尋找到了解決問題的辦法。很多專家認為右腦的創造力是無限的。

當思維轉到了右半球，你的直覺或內心本能便會直接參與其中。隨着你的直覺來跑步，潛意識中的判斷能力發揮出功能，而其他我們往往不會運用到的力量也被激發。

我已經把右腦調節為可以自我娛樂了。我經常在正要盡力解決當下問題或事件的時候開始跑步。十分鐘後，右腦已常可取出潛意識思想的一部分並混合這個人的個性，表達一些詞語。大約再過十分鐘，混合的圖像和思想以及各種聯想的圖像已經不得不令我大笑了。

笑是右腦的一種活動，也是一系列的圖像。在這之後，右腦會發給我一個混合圖片組——有些是真實的，有些是非常抽象的：甚至於以前跟這件事沒有任何聯繫。在每年許多跑步活動中，問題的解決方案都是由潛意識提取出來的。

更多的生產力，更少的疲憊感

初跑者開始跑步的時候，他們往往擔心跑步會弄得很累。然而，大多數人發現結果恰恰相反。晨跑在跑步那天設定了你的思想和身體。整個人精力充沛，以積極的態度來處理問題。那些在午餐時間跑步的人，當他們習慣於在午餐的時候工作時，發現午餐時間跑步後會更有生產力。有人則說跑步強迫他們來更好地計劃自己。有些人則認為精神鼓舞和放鬆令他們得到了提升。還有許多人認為除了上述這些觀點，還有更多的好處。

友誼和感情紐帶

數千代以來，人類都是一起走路和跑步的。專家認為這些旅程積極地培養了人類的團隊合作和關愛的特徵：互信、彼此信賴，在別人困難的時候拉人一把。這些原始的本能通通再次出現在集體跑步中。

即使你只和一個人一起跑步，也會發現自己分享的感覺和情緒，這和你坐下來與別人共晉溫馨午餐完全不同。跑步中，在右腦的影響下，你會和跑步朋友有更親密的聯繫，甚至親密過那些不懂跑步對你有何意義的家庭成員。

為生活拉回你的體能

我經常見到年過 70、80、90 歲的跑步者們一點也不像他們本身的年齡。當我仔細看的時候,他們的臉部和頸部也許會透露一些歲月的痕跡。但是,活力、精神狀態以及積極的態度卻完全呈現出比實際年齡少一、二十年的樣子。

為甚麼會這樣呢?在延長了耐力後的跑步者們,往往能保持積極的精神狀態。他們自己被大量的腦內啡"淹沒",也越發放鬆和自信。這些老年人規律地使用肌肉,跑步時進行有氧活動,就會感覺舒適,看起來容光煥發,體能上幾乎可以做到任何在他們 40 歲時想作的事情。

更強烈的個人自由感

許多 CEO 和其他日理萬機的名人告訴我,他們每週能感到幾乎完全自由的時刻就是跑步的時候——有時和其他人一起跑,但是通常是自己跑。

沒有手機、呼機、老闆或家庭成員圍繞左右,你能探索出來的內在才是"你"。長期的跑步者以許多不同的方式表達這種自由。這是另外一種以跑步促進自由感受和思想的方式。

賦予能力

本書的主要任務是幫助你更直接、更容易地進入狀態。你可以採用這一章讓自己在動力看起來更大的時候邁出家門。想想跑步後的美好精神感受,你就會在自己想退出的時候，彷彿"蘿蔔釣竿"一樣激勵着你繼續跑下去。有時你需要採用一兩次獎勵作為心理鼓勵，免得被熱情下降及惰性打敗。

書中的訊息和建議源於我 30 年來和不同初跑者一起合作，並在其中收集了超過 15 萬人的各種回應，他們後來已經變成了跑步者。遵循本章的規則可以大大減少或消除跑步中的消極效應。

實際上，每個人都能享受跑步帶來的許多好處。是的，你能現在就從一位跑步者開始，然後逐漸解開這些持續性的好處，它們比我能在書中描述的方式還能豐富你的生活。

- 你在使用體內的潛在資源。
- 因為右腦的作用，你發現自己的直覺更強。
- 解決無法解決的問題時，你感受到自信。
- 你發現比你原來認為的自己內心更強大且更有創造力。
- 強化的感覺延伸到生活中的其他領域。

跑步促使你的身體意識更上一層樓，同時刺激了大腦活動。不管我們有多少時間，作為一個跑步者（即使是業餘的），你也擁有盡情享受它的機會。

跑步前的
必要準備

"內在最重要的力量就是一直感覺更好……"
"……意志是變得更健康"

　　當然，一定有些東西能幫你令你跑得更輕鬆的，例如：跑鞋、衣服、訓練日誌、手錶、跑步腰帶、太陽鏡，等等。作為一家跑步用品商店的店主，我自己也非常樂見跑步者喜歡這些物品。但是，我建議初跑者在頭六個月裏，僅輕柔地測試一下需求。換句話說，別把有關跑步的所有東西全部一起裝上，至少應該知道你喜歡它才行。幾乎每個人在跑步中和跑步後都會感覺很棒，而且這種很棒的感覺是你花多少錢都買不來的。在下一章，你會看到如果能維持慾望半年不變，你就很有可能繼續地跑下去並享受它。但是……一切都源於有沒有意慾。

　　跑步釋放自己的其中一個方面是因為對物品的極低要求，大多數人已經具備。大多數情況下，可以從你家或辦公室穿過公共街道或行人道。可以普通穿着，不需要投資昂貴的手錶或運動器材，也不需要加入俱樂部。找另一個人一起跑步確實能很有動力，但也不一定必須要拍檔。大多數跑步者都是自己完成的。

跑步者不一定要……

- 一組人
- 一天中某個特定的時段
- 特定的服裝
- 一組運動器材
- 教程或一個"專家"來監督
- 參加競賽

你也可以自由地

- 自己跑步
- 在家、辦公室、兒童運動場等
- 不管白天還是晚上，有空的時候就跑
- 隨意穿着
- 把電話、傳真和電腦放在一邊

身體檢查

　　在開始跑步前，你應該先去檢查一下身體。只要告訴醫生或護士長你計劃健步走，同時帶上慢跑，每隔一天就進行一下跑步和健步。幾乎每人都會被開綠燈，如果你的醫生不建議你跑步的話，問問原因。因為只有極少數的人沒法跑步也不能採用健步間歇的方式，我建議你向醫生再次詢問為何不可跑步。當然，極少數不應該跑步的人都有他們的正當理由。但是，最佳的醫療建議者往往希望你參加一些體育活動，而跑步和健步走是大多數人最可能做到的運動方式。

選擇醫生

越來越多的家庭醫生都提倡健身。如果你的醫生不太支持，問問辦公室的護士是否有其他醫生會支持。支持健身的醫生往往都是更積極且精力充沛的。

小道消息也有幫助

向當地跑步用品商店的職員、跑步俱樂部會員或長期跑步者詢問。他們往往會知道你所在城市的一些醫生，也是他們在遇到問題時去諮詢的。

醫生告訴我，和其他病人相比，跑步者往往會問更多的問題並渴望一直保持身體健康。你想要找的醫生，就是歡迎問問題並可以成為"健康教練"的人，他會幫助你避免受傷、患上相關疾病和其他健康問題。醫生已經告訴過我，跑步者往往比較少患病。

鞋履

主要投資，價格往往在 65 到 100 美元之間（港幣 500-800 元）。

大多數跑步者都會聰明地花一點時間，選擇一雙舒適的跑鞋。畢竟，鞋才是真正需要的裝備。合適的鞋可以令跑步更輕鬆，減少水泡、腳部疲勞和受傷。

因為太多模特兒代言了不同的品牌，如何購買跑鞋就變得令人困惑。最佳建議就是去獲得最佳建議。到一家不錯的跑步用品商店，那裏有樂於助人的店員和知識豐富的跑步者們，既能縮短購鞋時間，往往還能令你挑到一雙比自己單槍匹馬選擇還要好的跑鞋。

本書的下一節會指導你如何為自己挑選一雙最好的跑鞋。

衣着：舒適至上

　　本書尾部的"衣着溫度計"是衣着的極佳嚮導。夏天要穿着得輕盈、涼爽。天冷的時候，多層衣着則是最佳策略。你不一定非要買最先進的科技衣物來跑步。大多數的日子裏，舊短褲和 T 恤就夠了。當你進入跑步狀態的時候，你會發現各種令你感覺更好的裝備，激勵你即使在壞天氣裏也要跑步。在規律地跑步幾週後，你還可以為自己買一件時尚外套作為"獎勵"。

訓練日誌

　　日誌是跑步中的重要組成部分，以至於我自己花了一整章的篇幅來描寫。通過預先計劃和後來回顧錯誤，你就在很大程度上掌握了未來的跑步。你會覺得強制記錄低每天所做的事情成為習慣後，不做或做漏了會很懷念呢。一定要閱讀訓練章節，然後你就能全盤掌握自己未來的跑步。

從哪裏跑起？

　　開始的最佳地點就是你所居住的社區，尤其是有行人道的地方。安全是最重要的。挑選一條遠離車流的路，而且不太會發生罪案且安全的區域。多樣性的跑道也會令人很有動力。

地面的影響

　　有適當的鞋墊，選擇正確的跑鞋，這樣行人道就不會對雙腿或身體產生額外的衝擊力。平整的地面、土地或碎石地都是可以優先選擇的。但是，如果你的腳踝脆弱或者出現踏步的問題，需留意及避開不平坦的地面。

選擇跑步同伴

不要和跑得比你快的人一起跑步，除非他們能降低速度，令你感到很舒適。與那些降速足夠的人一起跑步是很激勵人心的，這樣你們就能交談了。如果你願意的話，分享故事、笑話和問題，你們倆就能以一種非常積極的方式結合在一起了。如果你沒有氣喘吁吁（或嘔吐）地盡力追趕那個比你快很多的人，最深厚且持久的友誼就通過跑步建立起來。

獎勵

第 5 章《認為自己可以成功地跑步》裏說到獎勵是非常重要的。而且對於大多數跑步者的頭 3 到 6 個月裏，獎勵是很關鍵的。敏感一些，提供獎勵（更舒適的跑鞋、衣服等）就能令你一直充滿動力，令跑步經歷變得更美好。

積極的強化是有效的。在跑步結束後，犒賞自己一杯奶昔，跳入泳池暢泳一番或者在長跑之後找家特別的餐廳就餐——所有這些都能強化你形成良好的習慣。最特別的益處就是在完成跑步 30 分鐘內進食零食，其中包含 200 到 300 卡路里的熱量，由 80% 的碳水化合物和 20% 的蛋白質組成。產品 Accelerade 和 Endurox R4 就是這種配方的比例，非常方便而且是不錯的獎勵。

在日曆上預約

提前兩週在日曆上寫下你的跑步週記。當然,你能在不得不改變的時候進行改變。但是確保跑步間隙,你就能計劃你的跑步,變成現實。假裝你預約了你的老闆或是你最重要的客戶等。實際上,你就是你自己最重要的客戶!

邁出家門的動力

有兩個時候是跑步者覺得很不想跑步的:清早和工作結束後。在激勵章節裏,這些情況都有所演練。你會發現一旦你體驗到了一系列跑步的好處後,就更容易獲得動力了。是的,當你以合適的速度跑步和健步,準備恰當,就會感覺更佳,各方面都會更好也更有精力享受接下來的這一天。

跑步機和街道的效果一樣好

越來越多的跑步者使用跑步機完成了 50% 的跑步——特別是那些有小孩的人。實際上,跑步機傾向於告訴你比實際所跑得路程更遠更快的結果(但往往不會超過 10%)。但是如果你在跑步機上跑了幾分鐘,設定在習慣的跑步水平(不能氣喘吁吁),你就會足夠貼近自己希望的訓練效果。為了確保你跑的里程足夠,可以把設定里程數增加 10%。

跑步前通常不需要進食

大多數跑步者在跑步少於 6 英里的時候,不需要在跑步前進食。唯一的例外就是患有糖尿病或嚴重血糖問題的病人。許多跑步者在跑步開始前一個小時飲用一杯咖啡,往往會在跑步過程中感覺更好。咖啡因參與到中樞神經系統的活動,激發運動中需要的所有系統及很快便達到目標。

　如果你有低血糖，往往會在下午發生，在跑步前
30 分鐘進食熱量為 100 到 200 卡、由 80% 的碳水化
合物和 20% 的蛋白質所組成的零食，就能有效地緩解
症狀。Accelerade 產品是非常成功的。

去跑步產品
商店逛逛

"在我發現專為我的腳而設計的跑鞋後，簡直不敢相信它在跑步中所帶來的差異。"

向跑步者尤其是那些跑了 10 年以上的人查詢你們那區的跑步用品商店。你需要找一家出名願意花時間為每一位消費者按照腳形和功能來選擇跑鞋的商店。預留 45 分鐘的時間在這家商店。

優質商店經常很繁忙，有質量的試穿也需要花時間。獲得正確的建議可以拯救你的雙腳。經驗豐富的跑步用品商店店員會提供指導，供你選擇更健康、更適合你雙腳的跑鞋。我聽說有些跑步者每週都要進行一次"划算買賣"，但得物卻無所用，因為根本不合適。

帶雙穿得最破的跑鞋

頻繁使用的健步鞋的鞋型能給跑步產品商店店員提供各種有效的訊息。因為穿過的鞋反映出你的踏步方式，很好地說明了你的腳是如何運作的。鞋有不同的種類，每類鞋的設計都是用來支撐或強化跑步動作的。

知識豐富的店員往往會注意到你的腳如何運作

這是一項通過和上千雙腳試穿過後而獲得的技能，通過和其他甚至更有經驗的店員對比筆記而得來（在更好的商店裏進行日常練習）。

及時回應

當你和店員一起合作的時候，你需要給予回應，讓他知道穿上鞋之後的感覺和舒適度。你想要的鞋是可以保護雙腳的同時又能跑步。如果有關節壓力或其他疼痛，又或者這雙鞋怎麼感覺都不對的話，應該告訴店員。

揭示受傷或腳部問題

如果你的某些關節（膝蓋、大腿、腳踝）會有可能因為腳部移動而產生一些問題，稱為內旋，那麼就需要一雙保護雙腳過度移動的鞋。在"結構"種類中嘗試幾雙鞋，看看哪雙能有效控制腳部的內旋。

不用特別調正雙腳

即使你的腳本身已過度扭到了另一邊，也沒必要為此購買一雙能完全控制它的鞋。腿和腳自身具備調節性和適應性，令跑步者保持無傷——即使動作很怪。

最貴的未必是最好的

最貴的鞋往往未必是最適合你的。你沒法因為自己多付高價就能保證雙腳獲得額外的保護。某些高價鞋，你也許會認為它們能替你跑步，事實上根本不會。

如果你的生活區域附近沒有跑步用品商店……

觀察你所穿過的最舊的一對跑步或健步鞋，看看鞋型。
從以下類別中選擇至少 3 對鞋：

軟式？

如果你穿過的鞋型（觀察着力點，有些是在前腳的內側）是"軟式"或可靈活扭動腳部的，但伴有腳疼和膝蓋疼，你就要看看那些有"結構"或反內旋設計的鞋。

硬式？

如果你穿過的鞋型，在前腳外部有磨損，內部沒有磨損，你的腳很大可能性是硬腳。在跑步和健步的時候，可以選擇一雙墊子足夠且靈活的中性鞋。

無法分辨？

1. 選擇中性或具備中型鞋墊和支撐的鞋。
2. 在人行道地面跑步和健步走的時候來比較所穿的鞋。如果雙腳比較柔軟，確保這雙鞋能令你獲得足夠的支撐。
3. 你需要一雙感覺自然的鞋——既不會有壓力也不會很過分：能滿足你跑步時雙腳的各種活動。
4. 盡可能多花時間來做決定。
5. 如果商店不允許你穿鞋試跑，就換一家店。

購買試穿最合適的鞋，不要拘泥於包裝盒的鞋碼

大多數跑步者所穿着的跑鞋比平時逛街的鞋要大兩碼。比如，我穿 10 碼的鞋逛街，但是跑步鞋的號碼是 12 碼。盡可能地多試穿，直到試出最合適的——不要只看包裝盒上的鞋碼。

腳趾的額外空間

腳通常在白天會變得更腫，所以試鞋的最佳時間是下午。穿鞋站立時，確保雙腳前部的腳趾仍有空間。注意自己雙腳最長的地方，所留空間至少要有 0.5 英寸。

寬度問題

- 跑鞋往往比逛街的鞋要寬一些。
- 如果你覺得鞋有點緊的話，鞋帶通常都能"調整"寬度。
- 鞋帶不能綁得太緊，因為腳在跑步和健步的時候會膨脹。天熱的日子裏，一般跑步者通常都會把自己的鞋調大 1.5 個碼。
- 整體來說，跑鞋一般設計得都是能掌握好"鬆緊度"的。但是如果試穿較鬆的鞋還會出現水泡的話，就要調整鞋帶了。
- 注意售鞋的公司可能有提供鞋子的寬度。

女裝跑鞋

女裝鞋往往比男鞋要稍微窄一些，鞋跟也通常都小一點。大品牌的跑鞋公司，男鞋和女鞋的質量都是

一樣的。但約有 25% 的女性跑步者覺得男鞋比女鞋更適合她們，而且往往是鞋碼比較大的女士。所以更好的跑步用品商店能幫助你解決這方面的問題。

鞋子與衣服不搭，並非世界末日

我每年都會收到一些關於穿錯鞋而受傷的郵件。有些"時尚傷痛"是因為跑步者選錯了鞋，雖然顏色是很搭配，卻受傷了。記住：跑道上可沒有時裝警察來糾錯。

逐步適應新鞋

- 每週每天穿新鞋繞着房間至少幾分鐘。如果你待在地毯上，感覺鞋子很不舒服，你可以拿回商店裏更換。但是如果鞋上有磨損、污漬等，極少有商店會回收。

- 在大多數情況下，你會發現鞋穿起來已經舒服到可以立刻跑步了。最好再穿着鞋子持續走一走，逐漸讓足部適應後跟、腳踝墊，作出其他調整。如果你太早穿着新鞋跑步，最常見的後果就是出水泡。

- 如果在健步的時候沒有摩擦問題，你可以穿着新鞋在 2 到 4 天內逐漸增加健步運動量。

- 在穿着新鞋第一次跑步的時候，只跑半英里。然後穿上舊鞋繼續跑。

- 在每一次連續跑步的時候，穿着新鞋在 3、4 趟跑步中延長距離。這樣，你通常就慢慢適應新鞋了。

怎樣知道是時候換新鞋了呢？

1. 當你已經成功試穿新鞋達 3 到 4 星期時，再買一雙型號、做工和尺碼等完全一樣的鞋。這麼做的理由是：鞋業國內公司往往每隔 6 到 8 個月就會對鞋型做出重大調整或停止供應該鞋的鞋型（即使是成功的鞋型）。

2. 穿新鞋在居所周圍走幾天。

3. 逐漸適應新鞋後，穿新鞋每週跑（新鞋適應日）頭半英里，然後換上已經適應了的那雙鞋。

4. 在本週對比了兩雙鞋時，穿新鞋逐漸跑得多一點。

5. 幾週以後你會注意到新鞋的彈跳性比舊鞋要好。

6. 在原來那雙鞋穿破之前轉移到新鞋。當原本的那雙鞋的支撐力不那麼好時，你就會增加受傷的機會。

7. 開始逐漸適應第三雙鞋。

認為自己可以
成功地跑步

"一旦當你持續地一週跑步三天，又能感受到快樂，你就能成為成功的跑步者了。"

只要你肯，你就能掌握生活中有關運動的各個部分。設定跑步日子的方法、獎勵制度和挑戰會很影響你的動力以及每週可以跑步的次數。但是，你也能控制自己在每次跑步或健步的感受以及恢復身體的速度。

在跑步訓練中是沒必要體驗疼痛的。但對於初跑者來說，降低配速和足夠多的跑步間歇就是你們的責任了。所有這些都會在本書中的後面詳細闡述，你可以在跑步的時候就很開心：在每一個你控制了跑步速度的日子裏，不要在一開始就把所有資源都調動起來。

關於動機，我的一點點建議就是準備訓練日誌，期待並寫下一週內你在哪三天要跑步，而且是連續跑三週。確保你所選擇的天氣溫度是適合的，而且有一段時間內你要很寬容地對待跑步時間。鎖上日誌！如果你能簡單記錄一週三次的行動，承諾的效果就會大大加強。

連鎖動機的最後一環是在規定的日子裏跑步和健步。如果你等到精神振奮的時候再跑，恐怕訓練日誌上就會留下很多空白了。你也必須負責填寫日誌——比如在一週內花幾分鐘來計劃你的週跑，在計劃達成後獎勵自己。

- 規律對於身體和思想來說意義重要。如果你在跑步的時候，連續三天不跑步的話，就失去了跑步的自我調節和適應性。

- 每隔一天來跑步比連續 2、3 天跑步要好，跑步肌肉會因此快速重建和恢復，逐漸你的身體就希望達到這樣的狀態。與此同時，如果預設每隔兩天來跑步，你的思想和精神就更有可能直接拉你邁出家門。

- 沒必要非得使用特設訓練日誌。普通的筆記本或日曆就能有效地幫助你全盤控制計劃。預約好"跑步"，把它們看成是你自己最重要的客戶或老闆，確保你每次都能成功赴約。

盡力享受頭三週的每一次跑步

有相當一部分比例的跑步者在遵守了頭三週的跑步日程後，會堅持戰線到 6 個月。所以，寫下你的日程表，或者學習以下 21 天成功跑步法，堅持下去。我自己跑了差不多半個世紀了，想告訴你的是：頭三週對於養成積極的跑步習慣來說非常關鍵。

跑步日守則：

1. 選擇一天之中天氣最舒服的時候跑步。
2. 如果天氣不配合，換成室內行動：跑步機、室內跑道或者允許室內跑步的空間等。
3. 不能跑得氣喘吁吁。低速跑 10-15 秒，然後健步 1-2 分鐘。
4. 盡可能選擇一個令人愉悦的場地來跑步。
5. 完成後獎勵自己：奶昔、零食、跑步鞋、跑步服裝等。

一旦跑了 6 個月之後，你就上釣了！

"半年成就" 培養了積極的跑步態度：大多數的人還會持續終生跑步。本書的日程表是持續 6 個月的。你還可隨意分段進行跑步。有些跑步者喜歡一次關注一週的跑步，有的則是一個月，還有的是 3 到 6 個月關注一次。選擇最能激勵你的方式。

每週 / 每月安排一次特別的跑步

每週計劃一次特殊跑步，比如在風景區跑步或者和一位激勵人心的人或團體一起跑步，這樣對大多數的初跑者有幫助。每個月計劃參與本地有趣的跑步活動或者區域性的節日活動。大多數的參加者都會這麼做，因為他們享受這樣的經歷、希望穿上比賽的 T 恤。確保在第一次比賽的時候閱讀這一章節。

跑齡超過 20 年的人更容易有以下幾個共同點：

1. 他們幾乎享受每次跑步中的每一公里。
2. 當出現疼痛和曬傷的時候，他們會多休息幾日恢復身體前不跑步。
3. 他們不會讓目標（和訓練日程）干擾了跑步的樂趣。

Chapter 2

跑步訓練
很容易

第一週：如何開始並保持

“你的第一週是最最重要的——只要跑 3 次就夠了。”

該邊做邊學。這是一個首次跑步指導清單，輔助你更容易地進入跑步狀態——身體的一次"試航"。

咖啡因啟動？

許多跑步者會在跑步一個小時前來杯咖啡、茶或健怡飲料令中樞系統為運動做好準備。

如果你有不明原因的低血糖（特別是在下午），在跑步開始前的 25 到 30 分鐘，進食大約半條能量條或飲用 100 到 200 卡的運動飲料：最好是含 20% 蛋白質的那一種。如果你有咖啡因的問題，就不要喝咖啡了。

跑步步伐

拖着步子跑：腳部低到地，輕觸地面。不要抬起膝蓋，一般以個人感覺舒適為佳。更多關於容易跑步的建議，請閱讀本書的跑步姿勢章節。

初跑

- 穿一雙舒適的跑鞋（如有跑鞋的話）
- 穿着輕便的服裝——見本書"衣着溫度計"

注意：並不一定非要穿着運動裝，舒適即可

- 低速健步 3 分鐘，輕柔地令肌肉熱身
- 再用 2 分鐘繼續慢慢行走，如果個人願意的話可以提高健步配速到普通水平
- 然後跑步 5-10 秒和健步 1-2 分鐘交替進行
- 這樣持續 5-10 分鐘
- 再慢慢行走 5-10 分鐘當作舒緩運動

熱身

以非常慢的速度步行 3 分鐘，然後再以稍快但舒服的速度多步行 2 分鐘，這樣肌腱和韌帶就能在必要的活動範圍稍微得到運動。與此同時，血液輸送到肌肉，令你的心、肺和血液流通系統為輕柔的活動做好準備。當你把簡易動作當成熱身活動持續 5 分鐘以上，神經系統就能運作得更理想。如果你還需要幾分鐘來慢慢健步，可以持續到自己感覺已達到熱身效果為止。

甚麼？沒有伸展運動？

沒錯。在跑步前，我看不到任何需要伸展運動的理由，除非伸展可以幫助你解決一些非常見的問題。髂脛束（Ilio-tibial band）受傷是其中一個例外。在我和 15 萬跑步者工作多年後，發現伸展運動不僅不能帶來好處，反而會造成許多傷害。

呼吸：不能氣喘吁吁

不要運動到令你氣喘吁吁的程度。跑步和健步的時候，你應該還是可以說話或者唱歌。我們稱之為"說話測試"。

整理活動

輕鬆健步 5 到 10 分鐘即可。跑步結束後保持健步是很重要的。有力地跑步後，不要馬上沖涼，也不要在運動後立刻停下來站在一邊，以免對心臟產生負荷。

第二天

在你結束第一次跑步的第二天，輕鬆健步 5 至 10 分鐘即可。

第二次跑步

第一次跑步的兩天後，又是"遊戲日"了。只要你的身體能迅速從第一次跑步後恢復過來，按照第一次重複慣例動作，但延長跑走部分 3 到 5 分鐘。如果還沒有完全恢復，多健步少跑步。換句話說，把熱身運動的健步走延長到 8 分鐘。然後跑上 3 到 5 秒，再緩慢地健步 2 分鐘。

交替

繼續跑走結合一天，接下來再只是健步走。在健步日花在健步上的時間，可以每天延長 5 分鐘。只要雙腿和身體在恢復，你就可以持續增加 3 到 5 分鐘跑走結合的時間，一直到整個跑走結合的時間達到 30 分鐘。關於具體的時間表，可在下一章找到。

規律

規律在跑步的頭 8 週是非常重要的。如果每隔一天哪怕只是跑一點點，身體就會逐漸適應，開始期待這樣的體驗。如果你等了 3 天才跑步，身體開始失去這種適應性，反而在每次開始跑步的時候開始抱怨。堅持三週是形成習慣最有效的辦法。

忽略某些健步日是可以的

如果你不得不中斷幾天運動日，選擇健步日吧。嘗試把它變成專屬於跑步的"約會"。

獎勵自己！

在你完成第一週的三個小節後，不如用一套特別的慢跑服、一頓大餐或到一個很棒的跑步健步區域來祝賀自己吧！記住獎勵是很有力量的！

祝賀！你已經在跑步的路上了！

三週時間表

"生活裏的任何時間可以撥出來運動的話，就行了！"

如果你能在接下來的三週保持跑步（跑步日只有9天），按照我的經驗，你就有八成的希望繼續跑上6個月。"六月俱樂部"的會員們往往最後成為了一生的跑步者。這是21日任務的一些貼士：

1. 尋找一個你很有可能有時間健步或跑步的地方，放入時間表。對大多數人來講，這就意味着要早起40分鐘了。提前40分鐘上床睡覺。但如果不提前睡的話，你可以少睡40分鐘。曾經有好多跟我合作過的跑步者，他們認為缺了這40分鐘簡直沒法活了，但努力嘗試後，通通發現這根本不是問題。你從跑步中獲得的活力令你在這天剩下的生活神采奕奕。

2. 把你的伴侶或很棒的朋友、同事等，變成你的後援隊。承諾如果你能在接下來的3週跑完，將會為他們舉行一個派對或野餐等。選擇那些會寫電郵支持你的人，這對整個訓練和後期都很有幫助，然後慶祝你順利完成。

3. 假如你的情緒很低落，確保你有一到三位可以打電話的朋友。哪怕是電話中的一些聲音，往往都可令你邁出家門。當然，最好能找到一位常常積極又熱情的朋友。

4. 最好能有備用時間來跑步。備用時間往往是中午或下班的時候。

5. 如果是通勤高峰期，就開始跑步吧；有些人很早就去工作了，有些人是在跑步一結束就去工作了。

6. 如有必要，你可以把跑步分成幾小節。

7. 當跑步日為星期二、星期四和星期天的時候，會有助於燃脂和整體調節。這些並不是改善跑步的必備因素。如果你要為家人、社交或工作花 20 到 30 分鐘，就去做吧。更好的是：規劃出能把家人或社交與跑步放在一起的時間。有許多工程設計不錯的兒童推車是很容易推走的。你還可以在朋友騎單車的時候選擇走路等。

增加跑步的長度

兩週後，如果感覺良好就可以把跑步長度增加10到15秒。否則，還是堅持 5 到 10 秒。我留意到跑步長度的逐漸增加可能造成壓力，但如果你沒有準備好還是保持原先的跑步分量。

記住，不可氣喘吁吁！

你可以這麼做！關注每天，在你需要作出調整的時候再去調整。可以一邊跑步，一邊計劃你的三週成功派對。如果選對了人，說不定還會有人願意一起跑步，加入成為跑步者的任務呢！

第 2 週

任務：持續增加跑步距離。星期六的時候，挑一個風景如畫的地方跑步。

星期一	星期二	星期三	星期四	星期五	星期六	星期日
跑走	健步	跑走	健步	休息日	跑走	健步
15-18 分鐘	10-15 分鐘	17-19 分鐘	13-18 分鐘		18-20 分鐘	15 分鐘

第 3 週

任務：你現在真的進步了——越來越接近半個小時的標準了！星期六的時候，邀請一些朋友和你一起做熱身和整理運動，之後再野餐一下。已經完成了 3 個星期，繼續前進吧，下一週會十分輕鬆的！

星期一	星期二	星期三	星期四	星期五	星期六	星期日
跑走	健步	跑走	健步	休息日	跑走	健步
20-22 分鐘	23-28 分鐘	22-24 分鐘	26-30 分鐘		24-20 分鐘	30 分鐘

第 4 週

任務：稍作休息。本週相對輕鬆，要確保身體能夠適應進度。這樣就算完成了，是進行三週派對的時候啦！選好日子和地點，慶祝吧！

星期一	星期二	星期三	星期四	星期五	星期六	星期日
健步	健步	跑走	健步	休息日	跑走	跑走
20-22 分鐘	20-22 分鐘	20 分鐘	25 分鐘		22 分鐘	20 分鐘

你的 21 週計劃

"你已經完成了訓練計劃中最艱難的部分，現在只需要把勢頭保持下去。"

現在，你已經在訓練計劃中投入了那麼多，生活方式也改變了，是時候一邊享受跑步的過程，一邊關注半年目標了。在每週自由安排一次不同的、好玩的活動：一堂別開生面的課，或者與不同的人一起跑步等。

選擇計劃！

以下是 3 個跑步進度完全不同的計劃。本章結尾處，你還會找到在年底前所用的持續跑步計劃。

1. 金跑專案是適用於那些嚴格遵守時間表且感覺強壯的跑步者。
2. 銀跑專案適用於那些希望慢慢進展而且稍有疼痛的跑步者。
3. 燃脂跑專案需要更多的運動時間。所有健步和跑步都應該非常緩慢地完成。

我建議大家每週都些微增加跑步的分量，如果覺得不舒服的話，就作出適當的調整。

我們可以先在頭幾個星期後的每週開始加入加減速跑。你可以把這項跑步安排在任何一天，但要逐漸地適應它。加減速跑比其他任何活動都更能提高你的跑步效率，令跑步更輕鬆的同時令你學到如何跑

得更快，這不會產生傷痛之餘，大多數跑步者都表示
這訓練能把跑步從精神上和身體上分離開來。

加減速跑步的步驟（把週三專門設定為加減
速跑步日）：

1. 如常進行熱身；

2. 大約 5 到 10 分鐘後，開始練習；

3. 為自己定是 20 秒，然後計算左腳觸地的次數。
   如果你覺得 10 或 15 秒更舒服的話，就只計算這
   段時間左腳觸地的次數；

4. 健步 1 到 2 分鐘並重複，增加 1 到 2 次觸地數；

5. 如此多做 2 到 6 次，試圖每一節都能增加 1 到 2
   次觸地數；

6. 你現在要集中增加觸地次數。不要試圖跑得更
   快，稍微增加觸地次數，自然就好；

7. 完成加減速跑練習後，完成你那天規定運動的時
   間；

8. 不管你選擇哪種時間段（10、15 或 20 秒），保持
   這樣的跑步分量。

金跑計劃

適用於嚴格遵守時間表及體格強壯的跑步者。

星期一	星期二	星期三	星期四	星期五	星期六	星期日

第 5 週——跑 15-20 秒、健步 1-2 分鐘

星期一	星期二	星期三	星期四	星期五	星期六	星期日
跑走 24-26 分鐘	健步 30 分鐘	跑走 24-26 分鐘	健步 30 分鐘	休息	跑走 26-28 分鐘	健步 30 分鐘

第 6 週——跑 15-25 秒、健步 1-2 分鐘

星期一	星期二	星期三	星期四	星期五	星期六	星期日
跑走 26-28 分鐘	健步 30 分鐘	跑走 26-28 分鐘	健步 30 分鐘	休息	跑走 28-30 分鐘	健步 30 分鐘

第 7 週——跑 20-30 秒、健步 1-2 分鐘

星期一	星期二	星期三	星期四	星期五	星期六	星期日
跑走 25 分鐘	健步 25 分鐘	跑走 23 分鐘	健步 25 分鐘	休息	跑走 25 分鐘	健步 25 分鐘

第 8 週——跑 20-30 秒、健步 1-2 分鐘

星期一	星期二	星期三	星期四	星期五	星期六	星期日
跑走 30 分鐘	健步 30 分鐘	跑走 30 分鐘	健步 30 分鐘	休息	跑走 33 分鐘	健步 30 分鐘

第 9 週——跑 25-35 秒、健步 1-2 分鐘

星期一	星期二	星期三	星期四	星期五	星期六	星期日
跑走 30 分鐘	健步 30 分鐘	跑走 33 分鐘	健步 30 分鐘	休息	跑走 36 分鐘	健步 30 分鐘

第 10 週——跑 25-35 秒、健步 1-2 分鐘

星期一	星期二	星期三	星期四	星期五	星期六	星期日
跑走 23 分鐘	健步 30 分鐘	跑走 23 分鐘	健步 25 分鐘	休息	跑走 30 分鐘	健步 25 分鐘

第 11 週——跑 30-35 秒、健步 1-2 分鐘

星期一	星期二	星期三	星期四	星期五	星期六	星期日
跑走 30 分鐘	健步 30 分鐘	30 分鐘加 減速跑走	健步 30 分鐘	休息	跑走 39 分鐘	健步 30 分鐘

第 12 週——跑 30-35 秒、健步 1-2 分鐘

跑走	健步	30 分鐘加	健步	休息	跑走	健步
30 分鐘	30 分鐘	減速跑走	30 分鐘		42 分鐘	30 分鐘

第 13 週——跑 30 秒、健步 45-90 秒

跑走	健步	25 分鐘加	健步	休息	跑走	健步
25 分鐘	30 分鐘	減速跑走	30 分鐘		35 分鐘	25 分鐘

第 14 週——跑 30 秒、健步 45-90 秒

跑走	健步	30 分鐘加	健步	休息	跑走	健步
30 分鐘	30 分鐘	減速跑走	30 分鐘		45 分鐘	30 分鐘

第 15 週——跑 30 秒、健步 40-90 秒

跑走	健步	30 分鐘加	健步	休息	跑走	健步
30 分鐘	30 分鐘	減速跑走	30 分鐘		48 分鐘	30 分鐘

第 16 週——跑 30 秒、健步 40-90 秒

跑走	健步	25 分鐘加	健步	休息	跑走	健步
25 分鐘	30 分鐘	減速跑走	30 分鐘		38 分鐘	25 分鐘

第 17 週——跑 30 秒、健步 35-90 秒

跑走	健步	30 分鐘加	健步	休息	跑走	健步
30 分鐘	30 分鐘	減速跑走	30 分鐘		51 分鐘	30 分鐘

第 18 週——跑 30 秒、健步 35-90 秒

跑走	健步	30 分鐘加	健步	休息	跑走	健步
30 分鐘	30 分鐘	減速跑走	30 分鐘		54 分鐘	30 分鐘

第 19 週——跑 30 秒、健步 30-90 秒

跑走	健步	25 分鐘加	健步	休息	跑走	健步
25 分鐘	30 分鐘	減速跑走	30 分鐘		41 分鐘	25 分鐘

第 20 週——跑 30 秒、健步 30-90 秒

跑走	健步	30 分鐘加	健步	休息	跑走	健步
30 分鐘	30 分鐘	減速跑走	30 分鐘		57 分鐘	30 分鐘

第 21 週——跑 30 秒、健步 30-90 秒

跑走	健步	30 分鐘加	健步	休息	跑走	健步
30 分鐘	30 分鐘	減速跑走	30 分鐘		60 分鐘	30 分鐘

第 22 週——跑 30 秒、健步 30-90 秒

跑走	健步	25 分鐘加	健步	休息	跑走	健步
25 分鐘	30 分鐘	減速跑走	30 分鐘		44 分鐘	25 分鐘

第 23 週——跑 30 秒、健步 30-90 秒

跑走	健步	30 分鐘加	健步	休息	跑走	健步
30 分鐘	30 分鐘	減速跑走	30 分鐘		60 分鐘	30 分鐘

第 24 週——跑 30 秒、健步 30-90 秒

跑走	健步	30 分鐘加	健步	休息	跑走	健步
30 分鐘	30 分鐘	減速跑走	30 分鐘		60 分鐘	30 分鐘

第 25 週——跑 30 秒、健步 30-90 秒

跑走	健步	25 分鐘加	健步	休息	跑走	健步
25 分鐘	30 分鐘	減速跑走	30 分鐘		45 分鐘	25 分鐘

第 26 週——跑 30 秒、健步 30-90 秒

跑走	健步	30 分鐘加	健步	休息	跑走	健步
30 分鐘	30 分鐘	減速跑走	30 分鐘		60 分鐘	30 分鐘

　　備註：在第 25 週和 26 週持續交替，或選擇《蓋洛威的跑步書第二版》中的訓練計劃："5 公里、10 公里或半程馬拉松"。你也可以參考我的《新馬拉松》書裏的"初學者"馬拉松計劃。

銀跑計劃

適用於希望慢慢增加及偶有疼痛的跑步者。

星期一	星期二	星期三	星期四	星期五	星期六	星期日
第 5 週——跑 10-14 秒、健步 1-2 分鐘						
跑走 20 分鐘	健步 22 分鐘	跑走 20 分鐘	健步 22 分鐘	休息	跑走 23 分鐘	健步 22 分鐘
第 6 週——跑 10-14 秒、健步 1-2 分鐘						
跑走 22 分鐘	健步 23 分鐘	跑走 22 分鐘	健步 23 分鐘	休息	跑走 26 分鐘	健步 23 分鐘
第 7 週——跑 10-14 秒、健步 1-2 分鐘						
跑走 16 分鐘	健步 18 分鐘	跑走 16 分鐘	健步 18 分鐘	休息	跑走 20 分鐘	健步 20 分鐘
第 8 週——跑 12-16 秒、健步 1-2 分鐘						
跑走 24 分鐘	健步 24 分鐘	跑走 24 分鐘	健步 24 分鐘	休息	跑走 29 分鐘	健步 24 分鐘
第 9 週——跑 12-16 秒、健步 1-2 分鐘						
跑走 25 分鐘	健步 25 分鐘	跑走 25 分鐘	健步 25 分鐘	休息	跑走 32 分鐘	健步 25 分鐘
第 10 週——跑 12-16 秒、健步 1-2 分鐘						
跑走 20 分鐘	健步 20 分鐘	跑走 20 分鐘	健步 20 分鐘	休息	跑走 24 分鐘	健步 20 分鐘
第 11 週——跑 14-18 秒、健步 1-2 分鐘						
跑走 26 分鐘	健步 26 分鐘	跑走 26 分鐘	健步 26 分鐘	休息	跑走 34 分鐘	健步 26 分鐘

第 12 週──跑 14-18 秒、健步 1-2 分鐘

跑走	健步	跑走	健步	休息	跑走	健步
27 分鐘	27 分鐘	27 分鐘	27 分鐘		36 分鐘	27 分鐘

第 13 週──跑 14-18 秒、健步 45-90 秒

跑走	健步	跑走	健步	休息	跑走	健步
20 分鐘	20 分鐘	20 分鐘	20 分鐘		29 分鐘	20 分鐘

第 14 週──跑 16-18 秒、健步 1-2 分鐘

跑走	健步	28 分鐘加	健步	休息	跑走	健步
28 分鐘	28 分鐘	減速跑走	28 分鐘		38 分鐘	28 分鐘

第 15 週──跑 16-18 秒、健步 1-2 分鐘

跑走	健步	29 分鐘加	健步	休息	跑走	健步
29 分鐘	29 分鐘	減速跑走	29 分鐘		40 分鐘	29 分鐘

第 16 週──跑 16-18 秒、健步 1-2 分鐘

跑走	健步	22 分鐘加	健步	休息	跑走	健步
20 分鐘	20 分鐘	減速跑走	30 分鐘		31 分鐘	20 分鐘

第 17 週──跑 18-20 秒、健步 1-2 分鐘

跑走	健步	30 分鐘加	健步	休息	跑走	健步
30 分鐘	30 分鐘	減速跑走	30 分鐘		42 分鐘	30 分鐘

第 18 週──跑 18-20 秒、健步 1-2 分鐘

跑走	健步	30 分鐘加	健步	休息	跑走	健步
30 分鐘	30 分鐘	減速跑走	30 分鐘		44 分鐘	30 分鐘

第 19 週──跑 18-20 秒、健步 1-2 分鐘

跑走	健步	22 分鐘加	健步	休息	跑走	健步
20 分鐘	20 分鐘	減速跑走	20 分鐘		33 分鐘	20 分鐘

第 20 週——跑 20-22 秒、健步 1-2 分鐘

跑走	健步	30 分鐘加減速跑走	健步	休息	跑走	健步
30 分鐘	30 分鐘		30 分鐘		46 分鐘	30 分鐘

第 21 週——跑 20-22 秒、健步 1-2 分鐘

跑走	健步	30 分鐘加減速跑走	健步	休息	跑走	健步
30 分鐘	30 分鐘		30 分鐘		48 分鐘	30 分鐘

第 22 週——跑 20-22 秒、健步 1-2 分鐘

跑走	健步	22 分鐘加減速跑走	健步	休息	跑走	健步
22 分鐘	22 分鐘		22 分鐘		35 分鐘	22 分鐘

第 23 週——跑 22-24 秒、健步 1-2 分鐘

跑走	健步	30 分鐘加減速跑走	健步	休息	跑走	健步
30 分鐘	30 分鐘		30 分鐘		50 分鐘	30 分鐘

第 24 週——跑 22-24 秒、健步 1-2 分鐘

跑走	健步	30 分鐘加減速跑走	健步	休息	跑走	健步
30 分鐘	30 分鐘		30 分鐘		52 分鐘	30 分鐘

第 25 週——跑 22-24 秒、健步 1-2 分鐘

跑走	健步	22 分鐘加減速跑走	健步	休息	跑走	健步
22 分鐘	22 分鐘		22 分鐘		37 分鐘	22 分鐘

第 26 週——跑 24-26 秒、健步 1-2 分鐘

跑走	健步	30 分鐘加減速跑走	健步	休息	跑走	健步
30 分鐘	30 分鐘		30 分鐘		54 分鐘	30 分鐘

備註：持續進行，可以交替第 25 週和第 26 週的計劃。

燃脂跑步計劃

星期一	星期二	星期三	星期四	星期五	星期六	星期日
第 5 週——跑 10-12 秒、健步 1-2 分鐘						
跑走	健步	跑走	健步	休息	跑走	健步
30 分鐘	35 分鐘	30 分鐘	35 分鐘		33 分鐘	30 分鐘
第 6 週——跑 10-12 秒、健步 1-2 分鐘						
跑走	健步	跑走	健步	休息	跑走	健步
33 分鐘	35 分鐘	32 分鐘	35 分鐘		36 分鐘	33 分鐘
第 7 週——跑 10-12 秒、健步 1-2 分鐘						
跑走	健步	跑走	健步	休息	跑走	健步
23 分鐘	25 分鐘	23 分鐘	25 分鐘		30 分鐘	25 分鐘
第 8 週——跑 12-14 秒、健步 1-2 分鐘						
跑走	健步	跑走	健步	休息	跑走	健步
33 分鐘	38 分鐘	33 分鐘	38 分鐘		40 分鐘	30 分鐘
第 9 週——跑 12-14 秒、健步 1-2 分鐘						
跑走	健步	跑走	健步	休息	跑走	健步
33 分鐘	38 分鐘	33 分鐘	38 分鐘		43 分鐘	30 分鐘
第 10 週——跑 12-14 秒、健步 1-2 分鐘						
跑走	健步	跑走	健步	休息	跑走	健步
23 分鐘	25 分鐘	23 分鐘	30 分鐘		33 分鐘	25 分鐘
第 11 週——跑 14-16 秒、健步 1-2 分鐘						
跑走	健步	跑走	健步	休息	跑走	健步
35 分鐘	40 分鐘	35 分鐘	40 分鐘		46 分鐘	32 分鐘

第 12 週——跑 14-16 秒、健步 1-2 分鐘

跑走	健步	跑走	健步	休息	跑走	健步
35 分鐘	40 分鐘	35 分鐘	40 分鐘		49 分鐘	32 分鐘

第 13 週——跑 14-16 秒、健步 1-2 分鍾

跑走	健步	跑走	健步	休息	跑走	健步
25 分鐘	40 分鐘	25 分鐘	40 分鐘		36 分鐘	25 分鐘

第 14 週——跑 14-18 秒、健步 1-2 分鐘

跑走	健步	跑走	健步	休息	跑走	健步
36 分鐘	44 分鐘	36 分鐘	44 分鐘		51 分鐘	33 分鐘

第 15 週——跑 14-18 秒、健步 1-2 分鐘

跑走	健步	跑走	健步	休息	跑走	健步
36 分鐘	44 分鐘	36 分鐘	44 分鐘		54 分鐘	33 分鐘

第 16 週——跑 14-18 秒、健步 1-2 分鐘

跑走	健步	跑走	健步	休息	跑走	健步
25 分鐘	35 分鐘	25 分鐘	35 分鐘		39 分鐘	25 分鐘

第 17 週——跑 14-18 秒、健步 1-2 分鐘

跑走	健步	跑走	健步	休息	跑走	健步
37 分鐘	48 分鐘	37 分鐘	48 分鐘		57 分鐘	36 分鐘

第 18 週——跑 15-20 秒、健步 1-2 分鐘

跑走	健步	跑走	健步	休息	跑走	健步
37 分鐘	48 分鐘	37 分鐘	48 分鐘		60 分鐘	36 分鐘

第 19 週——跑 15-20 秒、健步 1-2 分鐘

跑走	健步	跑走	健步	休息	跑走	健步
25 分鐘	38 分鐘	25 分鐘	38 分鐘		42 分鐘	25 分鐘

第 20 週——跑 15-20 秒、健步 1-2 分鐘

跑走	健步	跑走	健步	休息	跑走	健步
38 分鐘	52 分鐘	38 分鐘	52 分鐘		60 分鐘	38 分鐘

第 21 週——跑 15-20 秒、健步 1-2 分鐘

跑走	健步	跑走	健步	休息	跑走	健步
38 分鐘	52 分鐘	38 分鐘	52 分鐘		60 分鐘	38 分鐘

第 22 週——跑 15-20 秒、健步 1-2 分鐘

跑走	健步	跑走	健步	休息	跑走	健步
25 分鐘	40 分鐘	25 分鐘	40 分鐘		45 分鐘	25 分鐘

第 23 週——跑 15-20 秒、健步 1-2 分鐘

跑走	健步	跑走	健步	休息	跑走	健步
40 分鐘	56 分鐘	40 分鐘	56 分鐘		60 分鐘	40 分鐘

第 24 週——跑 15-20 秒、健步 1-2 分鐘

跑走	健步	跑走	健步	休息	跑走	健步
40 分鐘	56 分鐘	40 分鐘	56 分鐘		60 分鐘	40 分鐘

第 25 週——跑 15-20 秒、健步 1-2 分鐘

跑走	健步	跑走	健步	休息	跑走	健步
25 分鐘	42 分鐘	25 分鐘	42 分鐘		45 分鐘	25 分鐘

第 26 週——跑 15-20 秒、健步 1-2 分鐘

跑走	健步	跑走	健步	休息	跑走	健步
40 分鐘	60 分鐘	40 分鐘	60 分鐘		60 分鐘	40 分鐘

　　備註：健步時間大幅度增加，所以保持低速。隨着跑步里程的增加，避免出現氣喘吁吁的情況。如果一天進行兩節訓練的話，可以省略星期六的運動過程。長跑應該一次性完成。見燃脂章節更多關於如何以輕鬆的跑步方法提升燃脂效率。

Galloway的
跑走法

"如期使用健步間歇可以讓每位跑步者平衡疲憊感和跑步的樂趣。"

跑步最妙的地方在於它並沒有定義"跑步者"必須要實現的行為，也沒有規定你在日常跑步中必須要遵守的規則。你自己就是跑步艦隊的艦長，所以你個人決定了跑步的距離、速度以及跑、走的比例等等。是的，跑步往往是一種各人可以隨意混搭各種可能的自由活動，完全由他或她自己來選擇跑步體驗。健步對於初次跑步的人來說是至關重要的變數，對於經驗豐富的跑步者來講，健步甚至能夠提高他們的跑步成績。以下就說說健步如何在跑步中起作用：

在疲憊前健步

我們中的大多數人，甚至是未訓練過的人，都能在疲憊感出現前行走幾英里的路程。因為健步是一項人體生理機能可以進行幾小時的活動。跑步則消耗更大，因為你需要把身體一次又一次的提升並脫離地面、然後吸收着地面的衝擊力。所以連續使用跑步肌肉會更快出現疲憊感和疼痛。如果你在肌肉疲勞前開始步行，肌肉就能快速恢復——提高運動能力、同時減少第二天出現痛楚的機會。

"方法"部分是有策略的。通過使用"跑—走比率"，你就能控制疲憊感，令你的肌肉和心理均能自信地處理任何未來遇到的挑戰。即使你不需要該方法所賦予的額外肌肉力量和韌性，也能提升個人在跑步中和跑步後的感覺，在跑完的時候知道自己可以跑得更遠。

"跑走法非常簡單：你跑一小段，然後進行健步間歇，再不斷重複這樣的模式。"

健步間歇令你提前控制好疲憊感，這樣就能讓你享受每次跑步。儘早並常常加入健步間歇可以令你感到體格更加強壯，即使是完成了一場對你來說里程很長的跑步。初跑者會交替進行短距離健步和短距離跑步。就算是精英跑步者也會發現長跑中的健步間歇可以令他們恢復得更快。如果你在跑步的當天插入了足夠多的健步間歇，就不會在每次跑步結束的時候都感到精疲力盡。

健步間歇的好處

- 能控制疲憊的程度
- 消除疲勞
- 令你在每次健步間歇中重新獲得腦內啡——感覺良好！
- 把跑步距離分解成可以控制的單元（"多跑一分鐘"）
- 加快恢復
- 降低疼痛和受傷的機會
- 跑步後感覺良好——不會大傷元氣，連在跑步當天也持續地感覺良好
- 全程提供每節距離的耐力——毫無痛感
- 令年長的跑步者快速恢復，讓他們和自己年輕時跑步的感覺一樣良好、甚至更好

短小與溫和的健步步伐

最好能以小步伐慢慢走。如果跑步者或健步者保持的步伐過長，有時脛骨會受到刺激。放鬆並享受健步的過程吧。

沒必要去除健步間歇

有些初跑者認為他們必須要朝着不用進行任何健步間歇的那一天努力。這完全取決於個人，但我不這麼推薦。牢記你自己決定使用跑走的比率，並沒有任何規則要求你在任何一天一定要按照跑走比率來跑步，我建議你按照自己的感受來調整跑走的比率。

跑了 50 年，健步間歇令我越來越享受跑步的過程。每次跑步都能令我充滿活力。如果不是這麼早且常常加入健步間歇的話，我是不可能每天都跑步的。我通常會在跑步開始的時候，每分鐘進行一小段健步間歇。跑步 2 英里，我通常會每 3 到 4 分鐘進行一次健步間歇。跑步 5 英里，我採用的健步間歇頻率則為 7 到 10 分鐘。但是每年我也會在一些日子裏，保持每 3 分鐘就進行健步間歇，甚至一些跑步日裏每 1 分鐘就進行一次健步間歇。

如何追蹤健步間歇

有幾款手錶都能設定時間提醒健步的時刻，以及提醒下一次健步的時間。查閱網頁 (www.jeffgalloway.com) 或去一家不錯的跑步產品專門店徵求這方面的意見。

如何使用健步間歇

1. 以跑 5-10 秒鐘開始，然後健步 1-2 分鐘。
2. 如果你在跑步過程中及結束後感覺良好，繼續保持跑走比率。否則，減少跑步的時間直到你感覺舒服。
3. 以相同的比率完成 3-6 節訓練後，增加 5-10 秒跑步的時間，再保持同樣的健步時間。
4. 當你能跑 30 秒後，每 3-6 節逐漸縮短健步的時間到 30 秒。
5. 當你覺得 30 秒鐘跑步非常容易了，每 3-6 節逐漸增加 5-10 秒跑步的時間。
6. 在健步間歇的跑步日裏，在你需要更多健步的時候執行。不要害怕因為跑步時間因此而少了，因為這樣跑步就會更有樂趣，減少疲憊感。

Chapter 3

跑步的
美好一面

身體力行：身形良好所帶來的變化

"我們的身體渴望運動，當我們運動的時候，它會以多種方式來回報我們。"

刻意改善的人類

當我們規律地進行耐力運動時，體內會產生許多積極的變化。我認為這要歸結於原始祖先們令人體逐漸適應了長距離的跑步和健步。假設我們的身體設計和目的是為了長距離的前行，那麼就絲毫不會感到奇怪為甚麼我們在跑步的時候會感覺良好了——因為我們在回到人類的根。

人體是懶惰的嗎？

也許這是一個太強烈的陳述了。我們說人總是希望通過以最小的工作量來儲存資源，如果久坐不動，心臟會慢慢喪失它的效率，沉澱物積累在動脈中，肺部也會因為使用不足而效率低下。只有當我們把這些重要的健康成分放入一個溫和的測試中，例如在長跑的時候，人體才會被迫以不同的方式來回應並獲得改善。

協作

在行動的時候，心臟、肺、肌肉、肌腱、中樞神經系統、大腦和血液循環系統就設定為一個工作小組。右腦直覺地解決問題、處理資源，指導我們向跑步和健步所帶來的健康方向發展。

你的腿部肌肉能協助血液泵回心臟。通過逐漸增加跑步量，人體會產生非常健康的肌肉。他們在輸送血液的時候變得更強、更有效率，並把廢物通過系統排出後再把血液送回心臟。有些研究心臟的心血管專家認為，獲得耐力訓練的腿部肌肉所產生的聚集效應可以把大量的血液輸送到心臟。

為甚麼長距離的運動可以保持心臟健康？你的心臟是一塊肌肉，能對耐力訓練產生積極的反應。隨着每週長跑距離的逐漸增加，心率也小幅度增加，就能讓這塊最重要的肌肉保持最適合的狀態。一顆強壯而有效的心臟就能不只在你運動的時候更有效率地輸送血液。心臟專家說這樣"健康"的心臟可以持續地有效抵抗心臟病。

但是，如果你的飲食盡是動脈堵塞的食物，強壯的心臟也沒法讓你對心臟病免疫。現在已經顯示高飽和脂肪和反式脂肪飲食會大幅度增加心臟病和中風等等的風險。

肺

在長跑中，肌肉需要氧氣，必須有足夠的氧氣供應來燃燒脂肪。每塊肌肉就像一座工作着的工廠，由成千上萬個運動細胞組成。不像有些工廠工人，他們是充滿激情且盡職盡責的團隊成員，全天 24 小時一週 7 天都準備着令我們移動——甚至當我們一次又一次地讓他們活動得特別遠。即使是少量的、緩慢的跑步，也會把它們組織在一起，刺激他們直到精疲力盡，把它們組成團隊為我們服務。

腦內啡止痛，令人感覺良好

團隊中另一個很重要的成員——腦內啡，管理着肌肉疼痛並能帶來積極的提升。

甚麼是耐力運動？

耐力的精髓就是走得更遠——堅持足夠久地進行一項運動，身體就能自然找到最有效率的移動方式，比如處理能量、輸送血液等等。對於未訓練到的肌肉，10 分鐘的跑走結合就能解決。當我們回到這個門檻的時候，目標是一週進行 2 節為期 30 分鐘的跑走結合，同時提升現有的耐力極限（多 30 分鐘）。

一週一次長跑提升耐力極限

+

兩節 30 分鐘跑走結合，保持長跑中的適應性

=

你是耐力運動員

壓力加休息改善成績

當我們比上一個月所跑有所增加，輕微的壓力也會令肌肉細胞和肌腱等崩壞。如果之後得到充分的休息（通常為 48 小時），它會復元並令人體變得更加強壯。

一切始於系統受到輕微壓力

隔日運動的時候，身體開始逐漸適應目前的速度和距離。如想改善耐力，可嘗試延長跑走時間。當你超過目前的距離限制時，疲勞的肌肉纖維會超過負荷。其後的半英里或一英里跑步時也許沒甚麼感覺，但第二天就會出現肌肉疼痛、疲倦及步履不穩等。

觀察細胞內部，你會發現細胞膜內有一個個洞，它能吞噬線粒體（細胞內處理能量的單位），令糖原（運動初始 15 分鐘輸送能量的物質）大大減少。運動中會產生一些廢物，甚至還有肌肉組織以及辛苦勞動後的滯後效應。有時，會衝到血管裏，動脈也會出現血液滲透到肌肉的情況。

身體恢復後更強壯

輕柔的過度使用告訴身體必須得到改善。肌肉因為鍛煉而得到恢復，而整個身體系統也因為挑戰而更有效率，在未來能處理更多壓力。

如果休息得夠好，在未來兩天內再觀察細胞內部，你會發現細胞膜變厚了，有能力接受更多的工作了。線粒體的體積和數量都增多了，下次就能處理更多的能量。血液系統的損害也復元了，廢物亦已被移除。幾個月後，在逐漸適應了一系列的增加後，體內產生了更多的毛細血管（血液系統中的小指頭），改善並拓寬了氧氣和營養物質的輸送，同時也能更有效地移除廢物。

這些僅僅是神奇的人體在生物機能、神經系統、力量、肌肉效率等全方位運動時，所展現出來的一部分適應性，心理質素同樣會隨着身體的改善而得到提升。由於身體的健康和表現得到改善，帶來更積極的態度。這些只是其中一些原因為甚麼跑步者顯示出他們比成為跑步者以前變得更積極了。

優質休息是關鍵：48 小時

沒有足夠的休息，身體就無法快速地恢復，或者按照原本的速度進行恢復。我所説的鍛煉後的休息並不是整日臥床。如果你在早上鍛煉的時候相當辛苦，下午進行輕柔的健步訓練，就會恢復得更快。跑步之後那天，輕柔的運動是不錯的，比如健步。交叉訓練章節也提到在輕鬆跑步日裏還有其他選擇。

重建壓力肌肉細胞的關鍵是避免在跑步鍛煉後48 小時內過度使用小腿肌肉（如樓梯機、踏步有氧運動以及鞍上旋轉）。如果你因個人弱點產生了其他疼痛，更不要再做運動使情況惡化。只要你不再繼續讓小腿肌肉產生壓力，大多數的交替運動都是沒問題的。

如果你沒時間在非跑步日進行交替運動，不要因此而感到內疚。交叉訓練並不是提高跑步的必要因素。為甚麼還要進行交叉訓練呢？因為，它能幫助那些希望燃燒更多脂肪的人。與此同時，許多新的跑步者很喜歡跑步後的感覺，希望每天都能達到這種狀態。即使連續跑步 2 天產生了很多損耗，也比隔天跑需要更多的恢復時間，但仍然想跑。一旦當你發現交叉訓練模式更有效時，你就能每天都享受運動後的光彩了。

垃圾里數

有些初跑者在跑步初期本來應該休息的日子裏又"偷偷"跑了幾英里，自我感覺良好。他們往往在欺騙自己，假裝這種短距離的跑步不曾發生。問題在於這些短距離的跑步，雖然提升了你的調節能力，但卻不能令肌肉得到必要的休息而全面恢復。

這些跑步稱之為"垃圾里數"。跑步和跑步之間最好相隔 48 小時——標準的、業內已證明的恢復時間。通過輕柔的提升，也就是本書在訓練計劃中提到的：你的身體會為新的挑戰，變得比以前更加強壯。

規律

保持適應性，你必須隔 2 到 3 天進行規律的運動。等待時間更長會導致之前你所培養的能力喪失了。等待得越久，超過 3 天，重新跑步就更難了。保持規律地運動是最佳策略。

肌肉記憶

當你在一段穩定的時間之後仍規律地運動時，肌肉記憶是你的神經肌肉系統記憶肌肉活動方式的過程。規律地健步和跑步的時間越久，在你罷工之後就越容易重新開始。跑步的第一個月內，比如，你錯過了 3 天跑步，就要花一週的時間恢復到之前的水準和之前的狀態。但是，如果你規律地跑步 6 個月，即使有三天不能跑步，跑步中也絲毫察覺不到任何中斷。

貼士：抽不出時間？5 分鐘即可
初跑者無法進步的主要原因是他們沒能規律地跑步。不管是甚麼原因能讓你出外跑步的話，哪怕只有 10 分鐘，一週只跑三天——也行！是的，即使是每次只跑 5 分鐘，也能保持一定的適應性。如果你能跑 5 分鐘，就能在大多數日子裏保持 10 分鐘，這樣就能維持大多數的適應能力。

有氧運動和無氧運動的區別

有氧意味着氧氣的存在。如果你在進行有氧跑步，跑步的速度就會慢到足以維持當下的體能，這樣肌肉就會獲得足夠的氧氣來處理細胞內的能量（大多數情況是燃燒脂肪）。有氧運動產生的廢物也能輕易地消除。

無氧跑步也就是說跑步的速度對你來說過快或距離過長，把自己放在了訓練範圍之外。肌肉無法獲得足夠的氧氣燃燒最有效率的燃料或脂肪，它們就會轉化為儲存糖或糖原。這些燃料產生的廢物快速堆積在細胞內，令肌肉緊張、呼吸粗重。如果持續無氧跑步的話，你會不得不大幅度降低速度或停止跑步。無氧跑步也需要更久的恢復期。

快縮和慢縮

為甚麼有的人可以跑得快，有的人在一段時間內是緩慢而安穩的呢？幾十年前，通過研究肌肉纖維，神秘的面紗被揭開了：那些具有更多快縮纖維的人可以在短距離內很快提升速度。那些具有大量慢縮纖維的人就不會跑得很快，但是可以保持長距離的跑步和行走。所以說你自己天生只是其中的一種，應該感謝父母所賜予你的這種能力。

快縮纖維具有爆發力，之後所產生的疲勞也會令我們陷入困境。在這些肌肉很健康的時候，很容易就能在跑步初始達到比你預計快的速度——並且感覺不到速度過快。大多數快縮纖維者不能理解為甚麼他們在跑步結束前就"沒油了"，因為初始跑步時所感覺到的速度是很輕鬆的。快縮纖維的優先燃料是糖原（儲存糖）。它燃燒快速，產生大量的廢物，然後是疲憊感。

對於具備快縮纖維者的好消息是更長的長跑能令他們逐漸演化成慢縮纖維者。當你逐漸延長長跑的距離時，重新募集肌肉纖維並開始燃燒脂肪。對於快縮纖維者來說，長距離訓練中最困難的就是在起跑的時候降低速度。但是，一旦當速度得到控制後（以及自我），快速跑步者會發覺他們在跑步結束時不那麼累了，並且能大大提升自己的耐力極限。

慢縮纖維者自然而然就能燃脂，所以天生適合有氧運動。但是，他們不同於快縮纖維者，燃脂的人沒法參加速跑訓練鍛煉爆發力。所以，慢縮纖維者不能在終點線前指望衝刺來贏得比賽。

日誌激勵前行

"在撰寫日誌的幾秒鐘內，你就能掌控跑步進步的過程。"

如果我們甚麼都不需要寫下來就太好了。在這個神奇的世界裏，你可以依賴大腦來追蹤和保留你要做的每件事，不斷分門別類來為接下來的幾個活動做準備。然後，在你即將做某件事之前的瞬間，大腦傳輸資訊會告訴你具體做甚麼、在哪裏做、需要甚麼材料以及截止日期。然後，當我們做夢的時候，這些就會日復一日、小時復小時的以完整的連貫性完成。

因為我們實際操作的世界和大腦並不完美，日誌就能輔助我們統一方向：規劃未來、追蹤行為、汲取教訓、記錄進步。我們每個人選擇簡單的日誌格式就能看清我們在做甚麼，然而只要幾分鐘的時間就能作出必要的調整。日誌讓我們掌控自己的未來，同時又能從過去的經驗中學習。

我並不是建議每件事都要提前做計劃。大多數最激動人心的瞬間、最難忘的行動往往是出乎我們意料之外的。你的日誌中可以設下一些陷阱然後釋放積極的感受。但是，通過提前規劃你的日誌，大腦自然就會幫你持續調整到會產生趣味的方向，因為你在改進訓練和目標。你甚至不需要在日誌裏設定一個必須獲得的時間目標。日誌是最能有效幫助你計劃和記錄低愉快的感覺、同時避免導致受傷的可能性和壓力。

所有圍繞跑步的活動，只有記錄和回顧你的日子才能令你掌控跑步的方向，這樣你才能作出調整。每隔一天只需花幾分鐘的時間就能記錄關鍵資訊，而回顧也能帶來歡聲笑語和快樂。

你會回顧上週所見到的趣事、瘋狂的想法、遇到的人以及快樂等。這一過程可以激發右腦產生更多的娛樂，因為你計劃的跑步也促使了其他活動。

日誌記錄者更有可能成為一生的跑步者

許多初始跑步者告訴我日誌中記錄每天的跑步里程是他們的最大動力——簡單而有滿足感。幾週後，許多跑步者按照時間表學習在日誌中組織跑步活動。

6 個月過去後，你會獲得由展望未來幾個月比賽計劃、必要訓練以及有趣賽事而帶來的滿足感。我聽說幾個跑步者每個月都會把他們的日誌當成是一本日記，記錄一些大型活動、孩子的足球比分以及 PTA 的筆記。

不管你選擇哪種格式，你會發現通過規劃自己的重要時間，日誌中的跑步時間，實際上你每週跑步的時間更多了。日誌彷彿方向盤一樣把你保持在積極進步的道路上。當你抓緊並使用方向盤時，你會感覺到自己被賦予了進步的力量。

恢復秩序

一位跑步者告訴我："妻子過世時，我的生活看起來一團糟。令我感到簡單又強烈的安全感的方法就是記錄每天跑步的距離。沒有人可以把它從我這裏拿走了。"另一個跑步者評論道:"作為一個年輕的主管和年輕的媽媽,我覺得我根本就沒有自己的生活,直到開始使用訓練日誌。先是記錄距離,然後是溫度、速度和路線。我在撰寫日誌的時候,感覺:這是唯一令我感到完全是自己操控的時間。這太棒了!"

簡單的獎勵能把你從低潮中解救出來

所有人都會在感受到回報的時候感覺更好、並享受活動。記錄每天你所跑的距離這一簡單的行動會帶來發自內心的、真實的成就感。當你把一系列跑步串在一起時,你並不覺得像在跑步,只是內心充滿了歡喜。即使是情緒最高漲的人也會有低落的時期,也曾告訴我他們的日誌能讓他們在情緒低落的日子裏重新整裝待發。

這是你自己的書

是的,你正在寫一本書。基本上,你也會從中勾勒出未來幾個月的跑步生活。沒有人會告訴你這本書應該寫甚麼內容。因為跑步者會記錄下他們的參與日誌,他們意識到自己可以用同樣的方式來組織生活的其他方面。即使跑步者們最初並沒有被喚起積極性,也往往會為日誌這一工具所衍生的各種好處感到印象深刻。因為不需要向他人展示日誌,你便能在日記中隨意抒發自己的感受。閱覽日誌以後,針對鍛煉的情緒反應就會在未來幾個月或幾年變得異常有趣。

你能捕捉到右腦的靈光一現嗎？

其中一個有趣的挑戰以及記錄日誌帶來的最大回報是記錄下我們右腦中浮現有創造性的或瘋狂的畫面。人的思維有時會枯竭，有時卻天馬行空。往往人們也不知道這些想法是從哪裏冒出來的。有時，可能腦子突然靈光一閃，困擾你幾個月的一個難題也就迎刃而解了。如果你把日誌放在自己一跑完步就能看見的地方，比如：車、辦公桌、餐枱等，就能很快記錄下形容畫面或瘋狂思想的關鍵字。

五花八門的日誌

日曆——掛在牆上面對着你

許多跑步者都是從牆上掛的日曆開始記錄跑步日誌的，或者是貼在冰箱上的一張便利貼。看着記錄下來的里程是很鼓舞人心的。然而，即使是原本應該跑步的日子被標記上了"零"，也會產生同樣的激勵效果。如果你不確定是否真正參與了日誌記錄的過程，可以先從最簡易的日曆開始。

有序的跑步日誌

當你採用專為跑步而設計的產品時，就不需要想着記錄下實況了。每頁的空白部分會要求你記錄下確切的資訊，你也能學習很快地填好表格。

留下時間使用日誌中的開放空間描繪跑步中的創意想法或靈光一現。面對琳琅滿目的日誌，選擇最易使用的隨身攜帶。

筆記本

你甚至不需要專門購買一件商品。選擇一款簡單的校園式筆記本，創造出自己的日誌風格。選擇大小最適合你生活方式的筆記本（公事包、錢包等)。

其實,最佳的日誌還是那些最容易收集有趣數據以及創意的產品。頁面空白的筆記本對於跑步者來說是很舒服的格式,他們可以在一天描寫很多有趣的事,隔天再寥寥數筆記錄一下。

電腦日誌

越來越多的軟件產品可以令你更快地把資訊分門別類。把一個同伴(電腦教練)加入我的訓練專案,令我發覺這種形式可以加快你尋找資訊的速度。當你設置好自己的代碼和運動節數時,你可以選擇對你來說很重要的數據,按照趨勢分類再對未來進行規劃。有些軟體(包括我自己的軟體)可以從心跳監測器或GPS手錶下載數據。

寫作過程

1. **抓住右腦的思想**

   盡量用手來記錄日誌,就可以在跑步後再記錄資訊。跑完步後,你會立刻擁有新鮮的感知,更易記錄右腦顯現的圖像,當然這些圖像也會很快便消失在腦海裏。

2. **只記錄實況**

   最初,花幾秒鐘快速輸入你想記錄的關鍵資訊。如果你不得不思考一個專案,先略過它來填寫馬上能填寫的那幾項。

以下是大多數跑步者會採用的填寫專案：

日期：

早晨脈搏：

跑步開始時間：

距離：

跑步時間：

天氣：

溫度：

降雨量：

濕度：

評論：

跑走頻率：

跑步中任何特殊的小節（快速跑、斜坡、比賽等）：

跑步夥伴：

地形：

你的感覺如何（1 到 10 分）：

再次回到該清單，填寫更多細節：情緒反應、能量變化或血糖水準，以及你發生疼痛時的具體位置——即使在跑步過程中，你的痛感已經消失了。具體觀察能顯示受傷、血糖問題、揮之不去的疲憊感等專案。

3. 有幫助的額外專案（通常在頁腳的空白處）
   - 思想的提升
   - 我所作出的改變
   - 發生過的有趣事情
   - 好玩的事
   - 奇怪的事
   - 故事和右腦的天馬行空

你累嗎？或只是懶？早晨的脈搏就能分辨

許多人說他們太累了，沒法跑步。然而，在採訪了很多作出這樣聲明的人之後，我認為這種感覺的原因是懶惰（大多數也承認這一點），或低血糖。檢測真正疲倦的一個最佳指標就是早晨休息時的脈搏。你的日誌可以對此進行追蹤記錄（但是有些跑步者要使用一張圖紙）。

記錄早晨脈搏

1. 計算每分鐘的脈搏次數——但是大腦要放空，不能聯想太多。如果床邊沒有日誌的話，就徒手寫在紙上。

2. 根據你醒來的不同時間和醒來了多久來記錄脈搏的次數，發生波動是很正常的。但在幾週或幾個月以後，脈搏就會平穩了。最好能立刻捕捉到你自然醒來那瞬間的脈搏次數，那時沒有鬧鐘的響聲也沒有關於工作壓力的思考等。

3. 積累兩週以上的脈搏讀數後，你就知道脈搏在早晨的基本線是多少了。挑出最高的兩個讀數，然後得到剩下讀數的平均值。

4. 平均值可以成為你的指標。如果當日心率比平均值高 5% 以上，就要選擇輕鬆跑。如果當日心率比平均值高 10% 以上，就沒有理由再去跑步了（可能從夢中驚醒，或正處於服藥或感染的階段），因為肌肉實際上已經很疲勞了。如果那天是跑走結合的話，選擇休息一天。

5. 如果脈搏持續一週高居不下，致電你的醫生諮詢是甚麼原因（服藥、激素、新陳代謝變化等）。

為甚麼你的身體甩不掉脂肪？

　　脂肪是我們對抗災難的生理保障，它是人體在飢餓、疾病和受傷時可以使用的燃料。通過閱讀你會了解到計劃裏的"設定點"是如何令人體牢牢抓住脂肪的。數年來，我一直在研究這一主題，同該領域的專家進行會談。本章會解釋我關於處理過程的理解，這樣你就在個人需求和目標的基礎上建立一個策略。

　　許多人開始跑步是為了燃脂。事實上，跑走可能是最有效也最方便的運動方式來幫你重塑儲存的脂肪，因為它能幫助你體會耐力運動的快樂，把運動變成燃脂熔爐。當身體調節為燃脂模式時，它傾向於以脂肪作為燃料，因為廢物在整個過程中所產生的分量很少。

　　但是，只依靠這樣就燃燒脂肪是不夠的。為了長期的身體健康和調理，你應抑制脂肪的增加。成功燃脂的人通常會做到以下三點：

1.　通過閱讀本章和其他資源了解燃脂的過程；
2.　完全相信他們能降低體內脂肪含量百分比；
3.　設定一個可以改變生活方式的行為計劃。

脂肪是如何積累的？

　　當你在吃零食或一餐飯的時候攝入脂肪，就好比你把脂肪放入注射器，然後再注射到人的胃部或大腿。進食 1 克脂肪就有 1 克脂肪被處理，然後進入從人體儲存脂肪的區域。另外，當你進食的蛋白質（魚、雞、牛肉、豆腐）和碳水化合物（麵包、水果、蔬菜和糖）超過一天所需的熱量後，所超的熱量就會轉化為脂肪並儲存起來。

賴以生存的脂肪

經過一百多萬年的時間，人體進化為可以保留身體所儲存的脂肪，因為一條簡單的原則：物種的生存。在人類了解疾病預防以前，很容易因為感染而死亡。原始社會時期，即使是輕微的疾病和流感也能導致每年高比例的人口死亡。脂肪存貯重組的人反而在饑荒和疾病中生存下來，繼而把脂肪積累的方式逐漸演變、傳遞給子孫後代。

強大的設定點牢牢抓住脂肪

設定點是一種生理機能生存機制。看起來似乎無法調節，因為你必須要和進化了 100 多年的生理機制進行頑強的鬥爭。但是通過了解這種機制，你就能有效地在脂肪管理上貢獻細節。

脂肪水平在 20 出頭已設定

許多專家都認同我們在 25 歲的時候，體內所積累的脂肪已經被認為是人體脂肪的最低水平。設定點每年都會隨之增長。比如說 John 在 25 歲的時候，體脂水平達到 10%，他的設定點就會每年隨之增長 0.5 個百分點。我們在年輕的時候，設定點的增長幅度是較小的，以至於自己並沒有意識到脂肪水平的設定點在上升——直到 10 年以後，你去參加一次同學聚會或別的甚麼活動才有所察覺。

人類本來就應該帶着脂肪到處走的。然而，人體脂肪的設定點也太盡職盡責的工作了，每一年都會按比例持續增長。而且，增長的分量看起來遠遠大於我們成長的速度。即使當你因為壓力或疾病經歷了艱苦的一年，設定點不會按照往常的速度增加了，因為食慾在接下來的一兩年內加大，設定點就會過分的補償。繼續前進，大叫"不公平！"，想叫多大聲就叫多大聲吧。你的設定點是不會吵架的——它只是繼續儲存。除非你運動，那麼就有希望了！

男女脂肪儲存不同

男性傾向於把脂肪儲存在皮膚表層，然而女性（尤其在她們二三十歲的時候）先把脂肪堆積在內部儲存區域。大多數女性會認為她們的體重逐年增加得很少，所以不用擔心，因為外觀看不出來脂肪顯著的增加。"捏肉測試"是許多人可以檢測脂肪增長的工具。

當內部儲存區域堆滿後，額外的脂肪開始在胃、大腿和其他區域囤積。女性普遍會在三、四十歲的時候抱怨："我的身體背叛了我。"實際上，脂肪常按照一個相對連貫的速率儲存起來，但是許多年來從外觀上都看不見。

男性比女性更易燃脂

當男性開始規律的跑步時，幾個月內就會減掉脂肪和體重。主要由於生理上的問題，從遠古時代起，為了保護母親，女性就很難減去脂肪了。實際上，你已經超過了我們社會裏的其他人——即使保持相同的體重。因為設定點，在美國平均一個 45 歲的人，通常一年會增長 3 到 4 磅。所以保持體重和設定點的穩定已經是脂肪管理的一個巨大的勝利。

節食因為"飢餓反射"失效

我們有能力在幾日、幾週和幾個月裏減少食物攝取來降低脂肪水準和體重。這是節食的一種類型，設定點的記憶力則是長久的。許多人會在同學聚會前2個月節食並減去了10磅。然後，中止節食了，飢餓感開始不斷重現：經過幾個星期、幾個月後，食慾增加了一點，人更容易餓了，直到儲存在體內的脂肪已經超過了節食之前。實際上，差不多所有節食的人都會在節食停止幾個月以後又重了幾磅。

等待進食的時間過久而激發飢餓反射

當你等待超過3個小時以上而未進食任何東西的時候，設定點有機體會感覺到你即將進入飢餓的階段。等待進食的時間越久，你越能感覺到飢餓反射的三大效應：

1. 新陳代謝速率減少。想像內部有一個聲音這樣訴說："如果這個人開始剝奪我的食物，我最好還是調低新陳代謝的速率來保存資源吧。"更慢的新陳代謝會令你感到昏昏欲睡，完全不想運動或走動。事實上，大多數反應就是待在椅子上或沙發裏，儘量少移動和燃燒熱量。

2. 脂肪存貯酶增加。等待進食的時間越久，就能產生更多的脂肪存貯酶。下次吃飯的時候，更高比例的飯會貯存在體內。

3. 食慾增加。等待進食的時間越久，你就越有可能在接下來的幾頓飯裏貪得無厭：因為如果飯量普通，你還是會感到飢餓。

突然剝奪喜歡的頹廢食物

我以前非常喜歡一種特別的雪糕，一星期的幾個晚上就能吃掉一夸脫以上。如果我完成了當天的運動目標，就會吃雪糕獎勵自己。後來，我太太 Barb 和我在一次宿命的新年日，決定戒掉享用了 10 年的朱古力薄脆薄荷雪糕。我們成功地戒了 2 年。一次生日派對剩下的一盒雪糕卻讓我倆又重新開始這一習慣，因為曾經的剝奪，導致攝入量甚至比戒掉之前還要多。

你可以在很長一段時間內，"餓一餓"自己不吃鍾愛的食物。但是未來的某個時候，當它出現在你身邊，週圍又沒有其他人……你往往就會過度消耗它。可以按照如下步驟糾正：

1. 和自己訂下條約：無論何時想吃的時候就吃一點——但是承諾分量要"合理"；
2. 從現在起到第 5 年，設定目標一週一碗；
3. 從現在起到第 4 年，5 天一碗；
4. 從現在起到第 3 年，4 天一碗；
5 學習享受健康的甜食，比如水果沙律、能量條等。

它是有效的！我幾乎都不怎麼吃雪糕了……但會在想吃的時候來一碗，你明白這完全是出於醫療的原因啊！

低碳水化合物騙局

低碳水化合物飲食毫無疑問可以幫助你減輕體重——水的重量。但這種減少是表面的，很容易反彈。這就是它的工作原理。在運動時，你需要一種稱之為"糖原"的快速能量來源（初始 15 分鐘），它來自於你所吃的碳水化合物，必須每天都得到替換。糖原的貯存區域是有限的，它也是重要器官比如大腦的主要來源。糖原貯存區域附近大約貯存了 4 倍的水分，因為當糖原轉化為能量的時候需要水。

通過戒食碳水化合物、食用低碳水化合物的節食者會經歷糖原區域的嚴重縮小。但如果那個區域沒有糖原的話，水分貯存也會減少。這兩種物質的消除會持續幾天或幾週令體重大大減輕。

然而，脂肪並沒有被燃燒掉。事實上，許多低碳水化合物飲食都在鼓吹脂肪消耗。因為低碳水化合物節食者吃了更多的脂肪，體內的脂肪含量往往增加了，然而水和糖原減少會使體重看起來減輕了，因為表層水分減少了。當水和糖原後來被替換時候，體重就反彈了。很快整體體重會因為吸收了額外的脂肪而比低碳水化合物飲食之前還重。

因為糖原能量的來源很低或被耗盡，低碳水化合物節食者就沒有能量去運動了。這就是為甚麼你會聽到節食的朋友們抱怨他們有多累，一點也不想運動。當他們嘗試運動的時候，無法完成一次鍛煉，而且往往會有注意力不集中的情況 (糖原低意味着大腦的燃料少)。

就算你"自強不息"或在飲食上作了一點弊，中度費力運動的能力也會大大降低。隨着你的能量存儲接近於零，運動就充滿了掙扎、毫無樂趣。

低碳水化合物飲食不會告訴你這些

- 你沒有燃燒脂肪，而且增加了很多脂肪
- 體重減輕往往是流失了水分，伴隨糖原流失
- 差不多每位低碳水化合物的節食者會在幾個星期或幾個月內恢復正常飲食
- 幾乎所有的低碳水化合物節食者增加的體重大於減去的體重
- 你失去了運動的能量和動力
- 你失去了運動能力，本來它能夠幫助你恢復正常飲食的時候保持體重
- 你的新陳代謝速率下降了，保持體重更難了

這是飢餓飲食的一種類型。我曾經聽說過無數的低碳水化合物受害者承認，當他們在節食的時候，當再次吃到碳水化合物時，被剝奪了碳水化合物的心理產生了巨大的反彈效應。對麵包、糕點、炸薯條、軟飲料和增磅食品的渴求，逐月增加。體重會反彈回來，增加、再增加。

低碳水化合物和其他節食一樣降低了新陳代謝速率。這會減少你每天燃燒的熱量。當你恢復正常的飲食後，你就沒有"新陳代謝熔鋁"來燃燒增長的熱量。

降低設定點

你的身體具備很好的能力適應你的日常活動。它也會儘量避免壓力。在下一章，我們會講到如何調節你的肌肉變成燃脂熔爐。你一旦把它們變成了熔鋁後，就能進入燃脂的生活方式。降低設定點更複雜，但當你規律地把特定的集中壓力加入到個人系統以後就是有可能的。

- 耐力跑：積極的壓力從兩方面刺激適應性
- 規律且足夠長久的跑步會產生這些壓力，也會激發尋找降壓的方法
- 體溫上升
- 衝擊力或彈跳力

跑步令體溫上升，有助降低設定點

大家都知道跑步的時候，人會變得溫熱。這項活動要求身體抬高離開地面，個人中心體溫上升。然而這對健康無害，如果你能每隔一天保持這樣的熱度超過 45 分鐘，熱應激就加入到了人體系統。因為人體脂肪就像毯子一樣可以維持體溫，人體長期的、直覺性的解決方案就是縮小脂肪毯子面積，從而減少熱度的累計。

如果你越規律地跑走結合 45 分鐘以上，就越有可能降低設定點，避免這種重複的壓力。如果每週跑走結合一次，每次超過 90 分鐘，效果會更好。

彈跳力和衝擊力

你的體重越重，就越能感受到跑步的衝擊力。如果你能保持隔天跑步，人體就會感受到規律的壓力並且尋找減少壓力的方法，這往往會通過減少額外的脂肪報復而適應，減少彈跳壓力。

燃脂的交叉訓練

交叉訓練有助維持規律的設定點降低壓力劑量，同時令骨骼受力減至最低。最佳的活動則是提升中心體溫、能夠利用很多肌肉細胞且舒舒服服持續 45 分鐘以上運動，而在不跑步的日子完成交叉訓練。游泳不是一項好的燃脂運動，因為水會吸收升高的溫度，因此中心體溫不會大幅度升高。

不錯的燃脂運動

- Nordic track 健身器
- 健步
- 橢圓機
- 划艇機
- 單車機

為甚麼有些人可以燃燒更多脂肪？

即使一磅也沒減，規律的跑步也會帶給你一系列有益健康的好處。由肯尼斯·庫鵬（Kenneth Cooper）在德州達拉斯成立的庫鵬（Cooper）診所和其他機構表示即使是肥胖症患者們也可以通過規律的運動降低罹患心臟病的風險。

緩慢、有氧跑步是燃燒脂肪的最佳方式。但是大多數人在開始跑步的第一年，往往只會保持原樣，體重沒有下降。但這實際上已經戰勝了設定點，因為首先，你避免了由設定點激發的增磅，平均每年 1 到 4 磅。但當跑步者在維持體重不變的時候，脂肪已經在燃燒了。這是怎麼一回事？

當你跑步的時候，全身儲存的糖原和水分增加了，它們轉化為能量並且令你降溫。你的血液也增加了。所有這些體內的變化能幫助你更好地運動，但是它們會令體重增加（不是脂肪增加）。如果你在耐力運動一年以後還能維持體重不變，那麼你已經燃燒掉了幾磅脂肪了。不要讓體重秤令你抓狂。

長期燃脂需要紀律和專注。如果你會負責管理自己的飲食，完成必要的跑步和健步，你就成功了。燃脂成功的一個秘密是全天保持活動。一旦你學會用走代替坐，你就會為你每天所走的步數感到驚奇：

步數　＝　燃燒的熱量

有氧跑步燃燒脂肪

通過沒有氣喘吁吁的跑步加上自由健步，你的肌肉就獲得了足夠的氧氣來運動。這時，你便處於有氧的狀態；如果你跑得過快，肌肉超過負荷，血液系統就不能輸送足夠的氧氣給肌肉時，你就是缺氧了。因此以一個輕鬆的配速跑步，可以令你保持在有氧狀態，或"燃脂"區域。當你某天跑得過快時，你就會氣喘吁吁，這個訊號說明你的肌肉無法獲得足夠的氧氣，身體進入缺氧的狀態。沒有氧氣，肌肉轉存糖原，就會產生大量的廢物。

燃脂培訓專案

* 每週一次緩慢的跑走結合 60 分鐘以上
* 另外兩次緩慢的跑走結合 45 分鐘以上
* 兩到三次交叉訓練，每節 45 分鐘以上
* 每天在個人活動中額外加入健步 6,000 步（或更多）

運動初始 15 分鐘的糖分燃燒

糖原是人體在運動初始 15 分鐘的快速補給燃料。那些運動少於 15 分鐘的人是不會燃燒脂肪的，也無法訓練肌肉燃燒脂肪。但是如果你已經戒食碳水化合物，進行低碳水化合物節食時，能量和動機都會

因為初始艱難的 15 分鐘運動而產生問題。

在糖原被當成燃料的時候，糖原會產生很多廢物——大多數是乳酸。如果移動緩慢且多數為健步的話，就不會產生很多廢物。即使配速緩慢，如果在初始 10 分鐘內已經跑得氣喘吁吁，説明你已經跑得太快了（對你來説是那天過快）。有疑慮的時候，延長初始的健步，走得慢一些。

第 15-45 分鐘燃燒的脂肪狀態

如果運動在人體體能範圍內，你的身體已經開始將脂肪燃燒並把它當作燃料了。脂肪是一種高效的燃料，產生的廢物也較少，它會一直持續至往後的 30 分鐘，當到達第 45 到 50 分鐘時，如肌肉已被訓練得夠好，它就會懂得去燃燒脂肪。隨着大量的健步和緩慢配速的跑步，幾乎每個人都可以完成 3 組 45 分鐘的運動。

在燃脂區域一週三節

即使是基本沒訓練過的肌肉——過去 50 年只燃燒糖原，也可以在以下一種條件下燃燒脂肪：

輕鬆運動，一週 3 次到達燃脂區域（每次 45 分鐘以上）

一週一次，超過 90 分鐘

較長的小節應該逐漸延長到一個半小時，令你保持在燃脂區域，時間久到可以鼓勵肌肉適應到燃脂的狀態。為了達到最佳效果，每週都要堅持這麼做。如果你沒有時間完成 90 分鐘的運動，至少嘗試一下 60 分鐘。

" 通過每週跑步和健步 90 分鐘，大腿肌肉就變成了脂肪燃燒器。經過一段時間，這就意味着即使整天坐在辦公桌前不動甚至是睡覺的時候，脂肪都在燃燒。"

健步間歇令你走得更遠而不累

　　這會推你進入燃燒脂肪區域的同時讓肌肉快速回復。出於燃脂的目的，最好健步早一些、多一些。里數是燃燒多少熱量的基礎，而健步間歇則可以令你每天行走更多里數而不感到勞累。

　　降低運動水準後，你就可以在脂肪燃燒區域逗留久一點，往往可以貫穿整節鍛煉。有疑慮的時候，最好多健步、減速度。

燃脂訓練——為了以後的人生

　　本書在前面已經提到一個非常成功的燃脂訓練專案。一旦當你如期完成燃脂訓練，我已經設計好你在開始燃脂訓練之後可以跟從的練習，令你達到想要的水準。以下的計劃是理想狀態，但是許多跑步者並沒有時間完成每個專案，我已經把它們按照先後次序進行排列了。

1.　　最高優先順序鍛煉專案——確保每週都要做。

2.　　次優先順序鍛煉專案——如果每週都能做到，將受益匪淺。

3.　　在有時間的時候可以做的鍛煉專案，它們有助於整體的訓練；優先順序較低。

以下所列的每週每天的鍛煉僅作為建議參考。你可隨意調整自己的時間表。如果不能完成所有訓練小節，就盡力做吧——哪怕只有 10 分鐘的鍛煉，也好過甚麼也不做。在跑步日或非跑步日進行健步，是燃燒額外熱量的極佳方式。踏步機可以助你把一整天要健走的步子分割成一系列的小節。見以下章節《一日健走 10,000 步》。

星期日

較長距離跑走結合一次。按燃脂訓練計劃中結束的跑走時間來開始（通常為 60 分鐘），逐漸增加到 90-120 分鐘。一旦把時間增長到你希望的限度，你就能按照個人的舒適度隨意調節跑走比率。不要害怕在開始的時候健步較多。宗旨就是在向前走的時候，保持一定的舒適度。在結束之前，你應該感覺到自己還能走得更遠。

星期一

升高體溫的交替運動需要持續 60 分鐘以上。即使時間緊張，也要保證運動 45 分鐘。哪怕只能抽出 15 分鐘進行交替運動，額外燃燒的熱量會促進這一個星期的脂肪燃燒。在此，不建議使用樓梯機。

星期二

中度跑走 40-60 分鐘。這些運動可以令你逐漸適應燃脂過程，一直保持到週末更長的跑走訓練。選擇任何你喜歡的配速，但在不確定的情況下，儘量慢一點、時間長一點。

星期三

交替運動，與週一的 60 分鐘一樣。

星期四

與週二 40-60 分鐘的運動一樣。

星期五

交替運動，與週一的 60 分鐘一樣。

星期六

這一天，想休息就休息吧。因為在開始長距離的訓練或運動前，最好能進行一些很輕鬆的運動。比如短距離和柔和的健步走就可以，因為你需要令肌肉為長距離的運動做好準備。

健步多少？跑步多少？

按照蓋洛威跑走章節的指導方法，"確信自己一定能取得成功"。最初，你要跑幾秒鐘就健步 1 到 2 分鐘。漸漸地，慢慢增加跑步量。加量的時候不要太着急，最好能選擇對你來説看起來很輕鬆的跑走比率。

一日健走 10,000 步

一個步程記或計步器就能改變你的生活，它們可以激勵你走得更多，也能強化你每天增加的步數。與此同時，還能賦予你對熱量實際消耗的控制感。一旦你把多走 10,000 步設立為目標加入到每天的活動中時，就會發現自己常常不再坐在椅子上了，停車位置距離超市更遠了以及會繞着孩子們的操場走等等。

這些儀器通常有一平方英吋大，可以夾在皮帶、衣服口袋或者腰帶上。便宜的版本只會計算步數，這就夠用了，有些款式還能計算距離和熱量。

建議你從優質製造商那裏買一個計步器。在測試的時候，儘管健步的場地一模一樣，但有些品質差的版本計算出來的步數是優質產品的 3、4 倍。

你的目標是在居家、工作、購物以及等待孫子輩等的時候，於非

跑步日健步累計至少 10,000 步（跑步日健步累計 6,000 步）。這是非常可行的，你會發現一天中的許多空閒時間都是坐着或站着的。當你開始計算步數的時候，就會變得更加活躍，也更能感到精力充沛。

　　大約在晚餐時，"檢查步數"。如果沒有達到 10,000 步（或 6,000 步）的要求，可以在飯前或飯後繞着家多走幾次。你不必在走夠步數的時候就停止。當你投入進去後，會發現更多的機會去健步和燃燒。

15-30 磅的脂肪 — 消失了

　　取決於你每週按照規定做了多少運動，每天無時無刻你都有各種機會消耗身體各處的脂肪。這些簡單的運動不會產生疲勞和疼痛，但在年尾的時候——好處就一齊顯現了：

每年燃燒掉的磅數／活動

1-2 磅——用爬樓梯代替電梯

1-2 磅——從工作中的椅子上站起來在走廊上走動

1-2 磅——從沙發中站起來在房間內來回移動（但不是拿着薯片）

1-2 磅——停車位置距離超市、商場等更遠

1-3 磅——停車位置距離辦公室更遠

2-4 磅——在孩子的操場、遊樂場以及醫生的辦公室走來走去

2-4 磅——等待下一班飛機的時候，在中央大廳走來走去

3-9 磅——每天溜狗

2-4 磅——晚飯後繞着街區健步幾次

2-4 磅——工作午餐時間，繞着寫字樓健步幾次

2-4 磅——在商場和超市裏以健步的方式多繞一圈等，尋找便宜貨

（在商場裏的時候，最後一件可能價錢很貴。）

總數：一年 18-40 磅

每週額外增加里數，每年額外燃燒 15 磅

當你通常有一小段空閒時間時，通過加入脂肪燃燒的運動而不會感覺到額外的疲憊：

- 減速並在每次跑步的時候多加一英里

- 午餐時間健步一英里

- 晚餐前或晚餐後健步或慢跑一英里

燃脂：
吸收的方程式

　　控制熱量的攝入量對於減少脂肪來說至關重要。
跑步者常常會抱怨，他們已經增加了運動的里數並且
實實在在地完成了交叉訓練鍛煉，卻減重失敗了。當
我質疑他們的時候，在任何情況下，他們都沒有控制
自己吃入的熱量。當他們完成練習的數量時，在任何
情況下，他們都比自己想像中吃得多。下面你會從飲
食中找到不用餓肚子就減去10磅或10磅以上的方法。

善用網站偵測熱量及營養平衡

　　我發現管理食物攝入的最好工具是一個好網站或
一個軟體程式。有幾個這樣的工具能夠幫助你平衡熱
量（燃燒掉的熱量 VS 進食的熱量）。大多數工具將會
讓你輸入當天運動的情況和吃了甚麼食物。那天結尾
的時候，你可以檢索熱量和營養物質的計算結果。如
果你缺乏某種維他命、礦物質或蛋白質等，你可以在
晚餐後吃點東西或服用一粒維他命丸。有些程式會告
訴素食者是否攝入了足夠的蛋白質，因為這種營養物
質很難從蔬菜中獲得。如果你缺乏某些營養，你可以

在第二天補充；如果攝入過多的熱量，可以晚飯後健步、加大明天的鍛煉量、減少熱量或者上述幾樣都做。

我不建議讓任何網站來操控你的生活。首先，在第 1 週到第 2 週的每天都使用它是有幫助的。在這段時間內，你會觀察到自己屬於甚麼類型，注意到自己需要補充甚麼或者應該減掉甚麼。經過初始階段後，兩三天內抽查一次。有些人需要比其他人多抽查幾次。如果每天看這網站能讓你對吃正確的食物和數量更有動力的話，就每天看吧。

關於網站列表，可以登錄我的網站：www.jeffgalloway.com. 在做決定之前可以多嘗試幾個。

"一份食物的分量約等於一個拳頭的大小。"

通過記錄食物攝入來控制分量

不管你是否使用網站，一個非常有效率的步驟就是記錄低一週內你每天所吃的食物。如果有需要的話，攜帶小筆記本和一個小秤。當人們記錄、然後分析每份食物所含的熱量時，他們往往會驚訝於正在吃的熱量數（以及脂肪克數）。很多食物都隱藏了脂肪，所以你意識不到熱量增加得有多快。

持續練習這個步驟幾天後，你有一個工具能幫助你調整每一份食物的份量。這就是控制吸收脂肪方程式一個主要步驟。許多跑步者告訴我，他們痛恨第一週的記錄，但之後就變成了例行公事。一旦習慣了這麼做，你會清楚自己嘴裏吃了甚麼東西，以及還有哪些更好的食物可以選擇。現在，你已經逐漸在掌控自己的飲食行為了。

兩個小時進食一次

前面一章中提到，如果你連續 3 小時沒有吃東西，身體感到快要進入飢餓模式了，新陳代謝速率下降了，然而脂肪貯存酶卻越來越多了。這就意味着你將無法跟往常一樣燃燒那麼多的熱量，不論是精神上還是身體上也不會那麼警覺。

如果飢餓反射從 3 小時以後開始起作用，那麼你可以每 2 個小時就進食一次來打敗它。這是一個燃燒熱量的好辦法。一個每天進食 2 到 3 次的人，轉變為每天進食 8 到 10 次的話，每年就會燃燒掉 8 到 10 磅。這要假設在不同的飲食模式裏攝入的熱量是一樣的。

大餐減速

大餐對於消化系統來說是一次大生產。血液轉移到了又長又彎的腸道和胃部。因為這樣的工作量，身體就會關閉血液流向其他區域的通道，令你感到更加昏昏欲睡和慣於久坐。

小餐加速

稍小分量的食物往往能被快速的處理，不給消化系統造成任何負擔。每次吃小餐或零食的時候，新陳代謝就會加速。通過一天幾次來加速運轉新陳代謝的作用，你會燃燒更多的熱量。

挫敗你的設定點

當你在飯與飯之間等待超過三個小時後，設定點就參與了飢餓反射。但是如果每隔 2 到 3 小時就吃東西的話，由於常規的食品供應，設定點就不會參與飢餓反射 / 因此脂肪貯存酶也不會受到刺激。

運動的意慾隨吃的頻率上升

最常見的原因是，我發現下午的運動意慾低是因為那天吃得不夠規律──特別是在下午。如果你連續 4 個小時或以上沒吃東西，然後又計劃下午跑步的話，你會因為低血糖和低新陳代謝而沒甚麼運動的動力。即使當你那天吃得不好，又愁眉苦臉，在運動前 30 到 60 分鐘吃點零食，你也能為跑走結合做好準備。一個纖維能量棒加一杯咖啡（或茶、健怡飲料）就能逆轉消極的心態。但是如果你每 2 到 3 小時會進食零食的話，不一定非得讓自己進入這種狀態。

來自於小餐的滿足感會減少過食

你可以通過選擇食物（和營養結合物）減少每天進食的熱量，滿足感會更加持久。糖是熱量控制和滿足感的最糟糕的問題。但你喝的飲料中含糖的時候，糖會轉化得非常快，就算剛才攝入了非常高的熱量，你常常在 30 分鐘之內又餓了。這會導致兩種令人討厭的結果：

- 吃得更多來滿足飢餓感（不需要的熱量就轉化成脂肪了）
- 保持飢餓並激發飢餓反射

你的任務是為小餐找到合適的食物組合，且能讓你滿足 2 到 3 個小時。然後再來一點零食達到一樣的效果。你會發現越來越多的食物組合含有較少的熱量，但是能讓你遠離飢餓，直到下一次的零食時間。

營養物質的滿足感更持久

脂肪

"即使把一點脂肪加到零食中，也會讓你更滿足，因為它減緩了消化。"

　　注意：一點就夠用很久了。當一頓飯的脂肪含量超過 30% 時，你會因為脂肪較難消化而開始感到更加昏昏欲睡。然而當脂肪熱量達到 18% 的時候，飽腹感就會持續很久，很多脂肪被燃燒。然而所有的飲食脂肪都不能用於能量，因此仍有脂肪會自動貯存在你的體內。當你吃了脂肪豐富的一餐，脂肪同樣也注入了臀部或腹部。你所燃燒的脂肪全部來自於體內分裂了的貯存脂肪。那即是說，一餐零食加一點脂肪是有幫助的，但是很多脂肪只會令你體內的脂肪更多。

　　目前發現兩種脂肪會導致心臟附近和通向大腦的動脈收窄：飽和脂肪和反式脂肪。來自於蔬菜的單不飽和脂肪通常是健康的：橄欖油、堅果、牛油果和紅花油。有些魚油含有歐米茄 3 脂肪酸，對心臟有保護作用。然而，很多種魚的油脂是沒有保護作用的。

　　仔細觀察標籤。許多食物含有蔬菜油，可以轉為反式脂肪。大範圍的烘烤類產品都有這種成分。

蛋白質──瘦肉蛋白最佳

　　每天我們都需要這種營養物質重建運動中拋錨的肌肉及其正常的損耗。具有高里程記錄的跑步者們不需要比久坐不動的人進食更多的蛋白質。但是如果跑步者沒有攝取正常分量的蛋白質，他們就會比久坐不動的人更快且更易感到疼痛，並伴有全身虛弱的感覺。

　　每餐進食蛋白質會令你很長一段時間都有滿足感。但是進食不必要的蛋白質熱量，就會把額外的蛋白質轉化為脂肪。

　　最近蛋白質已被添加到運動型飲料中，獲得很大成功。飲料的80% 是碳水化合物，20% 是蛋白質（比如 Accelerade 飲料）。比賽前 30 分鐘飲用，糖原會更好地激發出來，能量也能提供得更快了。完成比賽後 30 分鐘內飲用相同比例的飲料（比如 Endurox R4），肌肉會重整得更好、更快。

複雜的碳水化合物

　　這些碳水化合物都是"打折"或者有"寬限期"的。

　　食物像芹菜、豆、捲心菜、菠菜、蘿蔔纓、葡萄堅果、全穀物等，在消化中可以燃燒掉 25% 的熱量。和脂肪相反（進食後直接貯存在體內），它只是轉化成脂肪的過剩碳水化合物。例如，晚餐後，你有機會在街道附近或跑步機上來回走路，燃燒掉任何你在白天獲得的過剩熱量。

脂肪 + 蛋白質 + 複雜碳水化合物 = 滿足感

　　進食含有上述三種具備滿足感成分的零食會延長滿足感的時間，即使是食用小餐也會令你感到滿足的。這三項需要更久的時間來消化，減少了進食更多熱量的誘惑，"快速轉化"新陳代謝速率。

其他重要的營養物質：

纖維

　　食物中的大多數纖維會降低消化的速度，同時維持較久的滿足感。可溶性纖維，比如燕麥看起來能賦予的滿足感比非可溶性纖維麥片更久。但是每種纖維在這方面都有幫助。

三大營養物質的建議比例

　　這個問題還是存在意見分歧的。以下給出的範圍是我已經閱讀和詢問到的一些頂尖營養物質。它們按照每天每個營養物質消耗的熱量百分比排列，對比每天消耗的熱量總量。

> 蛋白質：20%-30%之間
>
> 脂肪： 15%-25%之間
>
> 碳水化合物：不論剩下來甚麼——
>
> 希望是複雜碳水化合物。

簡單碳水化合物有助於體重反彈

　　我們要進食一些簡單碳水化合物。有些是"感覺不錯"的食品，比如糖果、烘培甜食、澱粉（蕃薯茸和米飯）、含糖飲料（包括水果汁和運動型飲料）以及大部分的甜品。當你執行燃脂的任務時，你需要儘量減少這些食物的攝入量。

　　食物裏的糖很快就被消化了，所以糖不會帶來或沒有持久的滿足感。它們通常會令你對大多數的糖都很渴望，然而一旦沒有這些糖，就會產生飢餓反射。因為它們被轉化得很快，你很快會變餓，想繼續吃東西。這會導致熱量的額外堆積，通常最後在那天結束後轉化為脂肪。

　　上一章提過，如果你想通過自說"我再也不吃它了"來徹底擺脫一樣食物的話，這絕不是一個好主意。這就像製作了一個飢餓反射定時炸彈。保持吃1 到 2 口最摯愛的食物，同時培養自己對纖維豐富、含有少量或不含精糖或澱粉的食物口感。

血糖指數良好 = 動力

　　血糖濃度（BSL）決定了人體的感覺。血糖穩定的時候，你會感到精力充沛、動力十足。如果食用糖分過多，血糖濃度就會升高得過多。你會一下子覺得很舒服，但是過多的糖分會激發釋放胰島素降低血糖。在這種狀態下，你會覺得無精打采、注意力不集中，同時動力快速下降。

　　如果血糖濃度在一天中都能保持平穩，你就更有動力去運動，並且願意在生活中增添其他的活動。整體看來，你的心態會更積極，從而也能對抗壓力、解決問題。就像整天進食保持新陳代謝一樣，一天中均衡地攝入營養就能保持穩定的血糖。

　　沒人希望自己的血糖濃度不合格。低血糖令系統產生壓力，直接擾亂思想。大腦燃料由血糖提供，供應上升的時候，精神壓力便會增加。如果在跑走結合運動的前幾個小時都沒進食，你的腦海中會出現負面訊息，覺得沒有力氣去運動或運動會造成傷害。

　　而簡單吃一份含有碳水化合物和大約 20% 蛋白質的零食就可減輕這個情況，令你感覺舒適，想走到戶外。把零食當成血糖濃度的推進器往往就是當天跑不跑步的關鍵。

血糖濃度過山車

進食單一碳水化合物的超高熱量零食會對血糖濃度穩定產生反作用。正如前文所講，血糖濃度過高的時候，人體會產生胰島素，令血糖濃度比以前還低。然後，你會繼續吃，導致過多的熱量轉化為脂肪。如果不進食，你會一直感到飢餓和痛苦，而且沒有心情去運動或出去走走、燃燒熱量（或在跑步日進行跑步）。

最好每 2、3 個小時就進食

大多數人找到保持血糖濃度的最佳食品後，如果能每隔 2、3 個小時規律地進食輕量餐，血糖濃度就能保持在一個更佳的水準。前一章中也提到最好把含有蛋白質的複合碳水化合物和少量的脂肪搭配在一起。

跑前一定要進食嗎？

除非當時你的血糖很低。大多數早餐的跑走運動不需要在開始之前就進食。如上所講，如果下午低血糖，你還要按照日程表跑步的話，跑前 30 分鐘吃零食是有幫助的。假如你覺得早上進食零食也有所幫助，唯一的問題就是避免進食過多導致胃部不適。

在低血糖的時候令其恢復到最佳水準，（跑前 30 分鐘內）進食零食，其中 80% 的熱量來自於單一碳水化合物，20% 的熱量來自蛋白質。這會促進分泌胰島素，有助於肌肉中的糖原在跑步前做好準備。我年年都從幾千個跑步者那裏得知 Accelarade 產品的效果是最好的。它的碳

水化合物和蛋白質的配置為八二比例。如果你食用了
八二比例的能量棒，確保飲水量達到6到8盎司便可。

運動中的飲食

　　大多數運動者在跑走結合不超過90分鐘的時候，
並不需要在運動期間吃喝。在這一點上還有其他的選
擇，例如若果你容易產生低血糖的問題，可以在運動
初始20分鐘內吃一些零食，而大多數跑步者會跑過
40分鐘後再開始進食零食。

GU能量膠或膠質產品	這些產品是小包裝的，質地與蜂蜜或糖漿一樣。最有效的方法就是把1、2小包膠質產品放在帶有吸嘴的小塑膠瓶裏，然後每10-15分鐘吸2、3小口，喝一兩口水。
能量條	切成8-10塊，每10-15分鐘吃一塊、喝兩口水。
糖果	堅持食用妙妙熊(Gummi Bear)軟糖或硬糖。每10分鐘吃1-2顆。
運動型飲料	有相當多跑步者在運動過程中飲用運動型飲料會感到反胃，所以在跑步過程中我不推薦它。如果你覺得運動型飲料有效，可按照以前的方法來使用。

運動後30分鐘內補充能量很重要

　　不論何時完成一項艱苦或長久的鍛煉（為你），補
充零食可以幫助你加快恢復。同樣，八二比例配置的
碳水化合物和蛋白質是補充肌肉能量最有效的方式。
無數產品中，Endurox R4是我每年堅持使用且效果最
好的產品。

運動者的飲食

大大改變慣常的飲食習慣，往往會引發其他的問題，因此我會在本章中解釋一下能全面保持健康的重要食物。

作為一名規律的運動者，同久坐的人相比，你並不需要大量的維生素、礦物質和蛋白質等。但是如果你不能在幾天之內吸收到這些物質的話，你便會感覺到它對你運動時的影響。

最重要的營養：水

不論你以水、果汁或其他飲料來吸收液體，也請保持每天飲水的規律。一般情況下，你可以把口渴程度當成是消耗液體的指標。我並不是要告訴你每天必須飲用 8 杯水，因為目前為止我還沒看到任何關於它的補充研究。這方面領域的研究院告訴我，研究顯示如果我們只在口渴的時候規律喝水，體內的液體水平就能被快速且均勻地補充。

如果在健步或跑步的過程中不得不去洗手間的話，就說明在運動前和運動過程中真的飲水過多了。

大多數的運動者在 60 分鐘以內的運動過程中是不需要喝水的。運動前攝入液體是必要的，這樣多餘的液體就會在跑步時被耗掉。但每個人的情況不盡相同，所以你需要找到日常最適合自己的方式。

參與過大多數馬拉松賽事的醫療專家建議，在長跑 4 個小時以上的時候，每小時飲用液體不得超過 27 盎司，而大多數人的飲水量其實遠遠低於這一標準。

汗水中的電解質

當你出汗的時候，體內失去的鹽分就是電解質：碘、鉀、錳和鈣。如果這些礦物質含量過低，人體內的液體傳輸系統就無法正常工作，馬上就會出現無效降溫、雙手腫脹等問題。

大多數的跑步者以普通飲食替代這些礦物質是沒有問題的，可是運動中和運動後，你可能會定期出現抽筋的狀況，主要是因為碘或鉀等物質含量過低。我目前發現這些礦物質的最好替代品是 SUCCEED。如果你有高血壓，在使用任何鹽分替代品之前都要向醫生諮詢。

實際進食問題

- 不需要在跑步前進食，除非血糖很低（見前一章）。
- 最有效的補充方式是在跑步結束前 30 分鐘內進行（80% 碳水化合物 20% 的蛋白質）。
- 在跑步開始前進食或飲水過多會干擾運動、呼吸粗重，也許會導致側邊痛，因為胃裏的食物或液體限制了肺部低處空氣的進入，阻礙了橫隔膜的工作。
- 如果在長跑即將結束的時候出現低血糖，進食一些隨身攜帶的糖(見前一章有關的建議)。
- 吃大餐從來都不是甚麼好事。聲稱自己要加載碳水化合物的人們需要理性地抑制進食大餐的慾望。長跑的頭一天晚上（或當天）進食大餐會導致問題出現。腸子裏聚積了那麼多食物，還要長時間的蹦蹦跳跳，能想像一下麼？

大量出汗的時候，最好可以多喝幾杯優質的電解質飲料。Pacific Health 實驗室研發的 Accelerade 是我目前所見到能保持液體水準和電解質水準正常的最佳飲料。

跑走進食時間表

- 晨跑前一小時喝一杯咖啡或水

- 跑步前 30 分鐘（如果低血糖），進食 100 卡路里的Acclerade

- 跑步後 30 分鐘內，進食 200 卡路里的碳水化合物及蛋白質八二比例的蛋白質零食（例如Endurox R4）

- 如果天氣炎熱出汗過多，飲用 3-4 杯優質的電解質飲料

飲食的概念

早餐選項

* 新鮮出爐全穀麵包，輔以水果優酪乳、果汁或冷凍濃縮果汁作為糖漿

* 全穀煎松餅配水果和優酪乳

* 一碗葡萄堅果麥片、脫脂牛奶、脫脂優酪乳和水果

午餐選項

* 吞拿魚三文治、全麥麵包和一點低脂蛋黃醬，高麗菜沙律（配脫脂調料）

* 火雞雞胸肉三文治配沙律、低脂芝士、芹菜和胡蘿蔔

* 用全麥麵包、低脂蛋黃醬和精選沙律製成的素菜漢堡包

* 菠菜沙律配花生、葵花籽、杏仁、低脂芝士和無油調料，全穀卷或麵包丁

晚餐選項

書籍和雜誌裏有各種關於 "清淡烹調" 的食譜。以下列出的是最基本的。讓生米煮成熟飯的調味料也列在了食譜中。你可以使用各種脂肪替代物。

* 魚或瘦雞胸肉或豆腐(或其他蛋白質原材料)配全麥麵和蒸蔬菜

* 米飯配蔬菜和蛋白質原材料

* 晚餐沙律配大量不同的蔬菜、堅果,脂肪含量低的芝士或火雞,或者魚、雞等

我向大家推薦南希・克拉克(Nancy Clark)的書,《運動營養嚮導》堪稱經典。

跑步姿勢

　　了解了跑步的性質，就能更好地了解最有效率的跑步方式。我認為跑步就是一項慣性運動：你的主要任務就是一直跑下去。跑步時只需要很少的力量，最先開始的幾步令你運動起來，然後你就要注意保持這樣的運動姿勢。為了減少疲勞和疼痛，人體會自覺地調整你的動作，這樣就能令你以最少的力量來完成日復一日、月復一月的運動。

　　人類有許多生物機制的演變為其所用，經歷過去一百多萬年的跑和走，這些演變越來越有效率。解析人體的跑步效率，源於腳踝和腳後跟的肌腱。

　　這是一個極其複雜的系統，集合了提升、彈跳、平衡等各個功能。生物機制專家認為這種發展程度並不是走路所需的。當我們遠古的祖先們不得不以奔跑以求生存時，腳踝和腳後跟便逐漸適應了長途跋涉的雙腳，演化成了生物工程的作品。

　　當健步和跑步達到良好平衡時，小腿肌肉只要用一點點力氣就能繼續向前運動。因為小腿肌肉在狀況較好時，可以改善我們的耐力，只要一點力量就能完成一英里又一英里。其他肌肉則支持和改善整個過程，當你感到疼痛時，也許是因為你跑步的方式不對，當回到最基本的步伐，即儘量減少使用腳踝和腳後跟的肌腱時，通常很快便回復到平順及高效率的感覺。

跑步的更好方法？

也許還有一個可以令你跑得更好的方法；令雙腿力量更強、疼痛更少。實際上，大多數的跑步者都是非常有效率的。關於跑步者的重複研究顯示：大多數跑步者已經非常接近自己的理想狀態。我認為這主要歸結於右腦的作用。經過幾萬步以後，它在不斷為雙腳、腿和身體協調尋求最有效率的方式（然後修整）。在我開辦的跑步學校和週末講座中，我分析了每個跑步者的個人跑步姿勢。分析了一萬多名跑步者以後，我發現大多數人都在以最有效率的姿勢進行跑步。幾乎沒有甚麼大問題——當然也存在一些小的瑕疵。通過進行細微的調整，大多數跑步者都能更好地享受每一次跑步的過程。

三大問題：姿勢、步伐和彈跳

在諮詢過程中，我也發現大多數的跑步者往往容易在以下三方面出現問題：姿勢、步伐和彈跳。問題也是各不相同的，因為在具體的問題區域又有不一樣的運動。疲勞主要是姿勢不當造成的。例如步伐不當會造成疲倦，然後在跑步結束的時候感到虛弱。因為當疲憊的身體 "搖搖晃晃" 時，其他肌肉群組就要努力保證身體繼續前進，儘管它們本來並不是負責這一項工作的。

低效率姿勢的三大不良後果：

- 更疲勞、需要花更長時間恢復
- 肌肉群被迫負責更多的工作，突破極限，最終崩潰受傷
- 經歷太負面，導致慾望降低，甚至是消滅了下一次跑步的慾望

基本上每個人都會多少有些小問題。我不建議大家追求完美的跑步姿勢。但當你意識到自己的姿勢有問題時，應儘量改變，從而避免受傷。傷痛越少，跑步便越順利，也跑得越快。本章將有助你理解為何疼痛主要是由姿勢不當而導致的，以及怎樣做才能減少或消除姿勢不當。

個人姿勢檢查

在我的私人診所裏，我會使用一個數碼相機提供快速資訊。如果你有類似的相機，請一位朋友從側面（並不是朝着或者背着相機跑）拍下你在平地上跑步的樣子。有些跑步者在沿着商店跑步的時候，就能對着櫥窗來檢測自己的姿勢。下面的資料可讓你知道該如何作出檢查。

跑步時和結束後都覺得很輕鬆，姿勢多數是正確的

整體來說，跑步時應該是感覺輕鬆的。頸部、背部、肩膀或腿部都不應該感到緊張。一個修正問題的好辦法就是改變姿勢、腳和腿的移位等，直到跑步變得更加輕鬆或沒有緊張和痛感。

姿勢

良好的跑步姿勢實際上就是良好的身體姿勢。頭部得自然地保持平衡，位於肩膀之上，和髖關節平行。因為腳部來自於身體下方，所以所有這些因素都和平衡有關，同時需要一點能量支撐着身體、保持

運動。保持良好的姿勢，你就不必如此辛苦的把任性的身體從搖晃和低效率的移動中拉回來了。

前傾

姿勢錯誤大多數是由前傾導致的，尤其當我們疲勞的時候。頭想盡快衝到終點線，但是腿卻跟不上。在跑步者第一次比賽時，他們的頭往往都在身子前面，在撞線之前都會再低頭幾下。一個前傾的姿勢常常會在後背下方或頸部集中疲勞、疼痛和緊張。

一切從頭部開始。當頸部肌肉得到放鬆時，頭部自然能夠找到一個和肩膀平行且平衡的位置。如果頸部感覺到緊張或後來感到疼痛，往往是因為頭部前傾得太厲害了。這會引發上半身的不平衡：頭部和胸部對比髖關節和腳部略有提前。有時候頭痛是由姿勢的問題導致的。可以向跑步同伴詢問並判斷自己的頭部是不是過於前傾或向下傾斜。往往在跑步很疲勞且快要結束的時候，就會出現這樣的問題。理想的位置則是保持頭部基本直立，雙眼注視前方大約 30 到 40 碼遠的路。

後坐

臀部是跑步者保持平衡的主要定位區域。如果跑步者在這方面有問題，從側面觀察，屁股是在身體之後的。骨盆區域後移的時候，雙腿就沒法保持自然的移動範圍，步幅也會變短。即使花再多的力氣，配速也會變慢。許多跑步者往往都會在臀部後移的時候，衝擊力過大，傷到自己的腳後跟。

少見的後傾

儘管很少見到跑步者後傾，但偶也有發生。我的個人經驗是它常常是因為脊椎或髖關節的結構性問題而導致的。如果你會後傾，同時頸部、後背或髖關節感到疼痛，就應該找醫生看看。

糾正姿勢："連線木偶"

我發現糾正姿勢問題的最好方法就是想像練習：想像自己是一個連着線的木偶。換句話說，你就像一個上述描述的木偶一樣懸浮着——不管頭還是肩膀的兩側。以這樣的方式，你的頭部就能和肩膀對齊，髖關節直接從下面來，腳也能自然而然的輕輕觸地。在跑步中做幾次"木偶"是不會傷害到任何人的。

深呼吸有助於把想像練習聯繫一起。大約每隔 4、5 分鐘，當你從健步間隔後開始跑步的時候，深深地從肺部以下呼吸、拉直身體，然後說："我是一個木偶。"然後想像你不用花任何力氣保持直立的姿勢，因為有繩子從頭頂上能拉着你保持原樣。當你持續這麼做的時候，你就強化了正確的姿勢，逐漸形成一個好習慣。

直立姿勢不但可以令你保持放鬆，而且還能改善步伐長度。當身體前傾的時候，你會縮短步伐保持平衡。當身體直立的時候，步伐長度則自然增加大約一英吋而不會消耗精力。注意：不要刻意去延長步伐。當步伐長度自然增加的時候，你是感覺不到的——你只會跑得更快。

氧氣 ——不再單側疼痛

當身體直立的時候，可以改善呼吸。傾斜的身體無法合理利用較低的肺部，而且會導致單側疼痛。當你直立地跑步時，較低的肺部能夠獲得足夠的空氣，使得氧氣吸收最大化、減少了單側疼痛的機會。

貼近地面的腳板

最有效的步伐則是用腳貼着地面拖着走。只要把腳在抬起來的時候，成功避開絆腳石或不平的人行道，保持貼近地面。即使在跑得很快的時候，大多數的跑步者都不需要 1 英吋以上的間隙。

腳踝和腳踵肌腱連在一起像彈簧一樣，令你每跑一步都在前進。如果你保持低到地面，只需要非常少的力氣。使用這樣的"拖步"技巧，跑步就變得基本上很自動了。當跑步者錯誤地彈起時，落地的力度也特別重，那就更花力氣把身體從地面提起來。原本用

來跑得更快的力量就這樣浪費在空氣中了，這些能量本來可以讓你多跑上 1 到 2 英里的。

其他令彈起更高的負荷是重力。升起的高度越高，落下的時候越重。每次額外彈起都會對腳和腿施加很多衝擊力。在速度小節、比賽和長跑中，過多的彈跳會產生各種傷痛。

觸地輕盈

理想的腳部"觸地"應該是輕盈的，你往往都感覺不到自己的彈起和落地。這就意味着雙腳保持低到地面，並且有效率地、自然地移動着。不是試圖克服重力，而是和重力同步。

輕盈觸地步驟：

在跑步中段，為自己計時 20 秒。主要動作：觸

地輕盈到自己都聽不到腳步聲。此步驟練習不允許使用耳塞。想像自己在很薄的冰面上跑步，或穿過炙熱的煤堆。完成幾組 20 秒鐘觸地練習，腳步愈來愈輕。做這項練習的時候，你的腳幾乎感受不到衝擊力。

步伐長度

研究顯示跑得越快的話，步伐長度便越短。這顯示了跑步更快和更有效率的關鍵是加快腳和腿的節奏（翻轉更快）。

各種疼痛和受傷的一個主要原因就是步伐長度過長。本章結束的時候，你會看到一個問題清單，以及如何修正它們。每當對自己的步履出現疑慮時，最好就是縮短步伐的長度。

不要提高膝蓋！

即使是世界級的長跑運動員，大多數都不會抬高膝蓋。當膝蓋提升得過高時，會過度使用股四頭肌（大腿前部），導致步伐過長、效率低下，經常令股四頭肌在其後一兩天產生疼痛。

不要向前踢得太遠！

若觀察一下腿部的自然移動：當腳在跑步中輕柔地向前移動時，腿也會輕輕的向前踢，然後接觸地面。如果整個移動過程很自然，大腿和小腿的肌肉就不會繃緊。

小腿肌肉前部、膝蓋後方或肌腱（大腿後方）的疼痛或繃緊，說明你向前踢得太遠，伸展得太遠。糾正它的姿勢是讓雙腳保持低到地面，縮短步伐的長度以及輕觸地面。

步頻或轉彎練習

輕鬆的步頻可以幫助你跑得更順利、更輕鬆。這項練習可以同時把跑步中的所有好元素集中起來。經過幾週或幾個月，如果每週都能堅持一次的話，你就會發現自己的步頻自然地加快。

- 健步 5 分鐘作熱身，然後輕柔地跑步和健步 10 分鐘
- 開始慢跑 1 到 2 分鐘，然後計時 30 秒，在這半分鐘內，計算左腳點地的次數
- 慢慢地健步或慢跑約一分鐘
- 在第二次節奏練習裏，你的任務是增加 1-2 次點地次數
- 重複整個過程 3-7 次以上，每次儘量增加 1-2 次點地次數

在改善轉彎的過程中，身體內部監測系統逐漸適應了一系列的演變，令腳、推、神經系統和計時作用機理組合成一個有效的團隊：

1. 雙腳點地更輕快
2. 減少或消除了腿和腳的低效率運動
3. 向上推的力量較少，所以可以向前運動
4. 身體保持距離地面更近
5. 腳踝更有效率
6. 疼痛區域不會過度使用

健步姿勢

只要以輕柔的、漫步的方式來行走，通常就不會產生問題。但是每年也有跑步者因為健步不當令腳和腿部某處受傷。這些問題的主要原因就是健步時走得過快、步幅過大或使用賽跑式健步或力量式健步。

1. 避免步幅過大。保持輕鬆就不會對膝蓋或腿、腳及臀部的肌腱或肌肉產生壓力。如果你在感到疼痛或疼痛惡化，則將步幅縮短。許多跑步者發現這樣做之後，走路速度還是一樣快。如不確定，則以輕鬆的步幅來走路。

2. 手臂運動不要過大。手臂揮舞的距離越小越好。手臂揮舞過大會導致步幅過大，同時加速疼痛。太多的轉動會惡化臀部、肩膀和頸部區域的肌肉。應該讓雙腿來為健步和跑步設定節奏。只有這樣，你才更有可能到達右腦的“區域”。

3. 讓雙腳最自然地移動。在健步者嘗試使用技巧，以腳後跟向後着地或者腳趾頭向前伸來加大步幅時（而非原本應該雙腿移動時），容易受傷。

無傷跑步

因為跑步是原始人類為求生存而作出的活動，所以我們具備所有無傷痛跑步的能力和潛力。當壓力和休息得到適當的平衡，只要稍稍增長，我們就能持續改善並享受跑步。改進跑步的最大、最好原因就是沒有受傷。

然而，人的內在氣質是可以向跑步娛樂妥協的。我稱之為"A 類過勞綜合症"。即使是沒有競爭心態或者運動背景的人，也要對此保持警惕。一旦當新的跑步者完成了一定水準的健身後，就容易運動過度或缺乏休息。首先，身體就會有反應。當跑步者持續前進的時候，身體的一條"弱線"就會斷開。

對弱線保持敏感

我們每個人的身體都有一些無法承受壓力的區域，往往感到疼痛或受傷的也是這些地方。最普遍的區域就是膝蓋、雙腳、大腿和臀部。跑步超過一年的人通常會知道他們自己的弱線在哪裏。若膝蓋某處曾經受過傷，又在跑步中重複受傷，額外休息一到兩天，然後按照以下列出的建議來進行治療。

如何知道你受傷了？

　　下面是一些能夠顯示你受傷的跡象。以下三種情況有任何一種出現的話，就應該立刻停止鍛煉，額外休息幾天（通常是 2 到 3 天）。跑步（有時甚至是健步）會大大惡化早期的傷痛——哪怕就跑了一次。如果在第一個徵兆出現時，休息 2 到 3 天，你就能避免在接下來的 2 到 3 個月帶傷跑步時又中止運動。多花些時間來改正錯誤總是更保險一些。

- 發炎——任何一種腫脹
- 喪失功能——比如腳等，無法正常工作
- 疼痛——走路幾分鐘，疼痛還是揮之不去

失去調節

　　研究顯示即使 5 天不運動，你都能保持調節性。當然，你還是應該繼續規律地跑步，把保持無傷狀態列為最重要的事。所以，在"弱線"出現情況的時候，不要害怕因此而休息 5 天。大多數情況下，中止 2 到 3 天即可。

治療

　　最好在第一個受傷跡象出現的時候看一位希望你儘快恢復跑步的醫生（或在肌肉受傷時看按摩治療師）。

　　較好的醫生會解釋他們認為錯誤的治療是怎樣（或在診斷結果出來前告訴你）並給予你一份治療計劃。這將在整個治療過程中給予你很多資訊，研究顯示也能加快傷痛的癒合。

在等待看醫生的時候所進行的治療

不幸的是，大多數較好的醫生都已被預約了，所以還要花一段時間才能見到醫生。在等待預約的這段時間裏，這裏有一些其他的跑步者成功應對弱線出現發炎、喪失功能或疼痛的辦法：

- 休息 2 到 5 天，禁止任何活動，以免刺激到傷痛。
- 如果受傷的區域貼着皮膚（比如肌腱、腳等），用冰塊持續摩擦 15 分鐘，直到感覺麻木。在症狀消失後，繼續用冰塊摩擦一個星期。
- 如果問題出現在關節或肌肉裏，致電給醫生，詢問是否可以使用處方類力量抗炎藥。在聽取醫囑之前，不要採用任何藥物──遵守醫囑。
- 如果肌肉受傷，去諮詢一位非常成功的運動按摩治療師。最好是在你受傷區域積累了大量成功經驗的治療師。神奇的手指和手常常會創造奇跡。

預防受傷

我本人都受傷不下 100 次了，同時還和數以萬計的跑步者們一起研究傷痛，以下為大家提供一些建議。這些建議都是基於我自己的經驗並推薦給其他跑步者使用的。我很驕傲的跟大家宣佈，自從我遵守了這些建議後，本人已經近 30 年沒怎麼受過傷了。

跑步之間休息 48 小時

跑步比健步對肌肉產生的壓力大得多。讓跑步肌肉休息兩天，就會產生一段神奇的恢復期。在這休息的 48 小時之內，還要避免使用踏步機（踏步機和跑步使用的肌肉一樣）。同時避免會刺激肌腱的任何活動。

禁止伸展運動！

這一話題我已經兜了一大圈了。很大比例的跑步者們告訴我，受傷或者變得受傷是因為他們在伸展運動的時候令傷痛惡化。在他們停止伸展的時候，又有相當多的人告訴我傷口在相對較短的時間內已經癒合到可以跑步了。

但這一金科玉律並不適用於髂脛束受傷。對於髂脛束受傷，伸展反而是幫助跑步者們持續跑步的癒合辦法。

進行"縮緊腳趾"練習

雙腳（每隻一次）一天可做 10 到 30 次縮緊腳趾練習。腳趾點地並伸縮到雙腳抽筋（只有幾秒鐘）。它可以加強腳上的許多小型肌肉，為它們提供支撐的平台，特別能預防蹠腱膜受傷。

每週總里數增加不超過 10%

用日誌本或日曆監測你的跑步里程（健步里程通常沒問題）。如果每週增量超過 10%，額外休息一天。

每第三到四個星期，總里數減半

即使每週總里程增加不到 10%，這樣也能有助於跑步。你的日誌也會對此提供相應的指導。既不會失去任何調節性，同時還能幫助身體癒合變得更強壯。一週又一週穩定的增長，雙腿沒法完全恢復和重建。

避免步幅過大，有健步也有跑步

跑步時儘量拖步（腳步貼近地面）能降低受傷的風險。甚至健步步幅過大也會刺激脛骨肌肉。閱讀"跑步姿勢"章節，了解更多關於有效率的跑步知識資訊。

第一場比賽

　　我知道你未必想爭奪比賽的名次，也沒必要參加比賽。可是那些穿越國家的公路賽其實都是動力的來源。普通公路賽的參加者就像你一樣一直在努力保持着積極向上的態度。參與比賽是自己對每週訓練準備的一個承諾。

　　大多數的跑步者在參加第一次比賽的時候，會因為看見大多數參賽者都是看起來很普通的人而感到驚訝。當然，前線上也有一些人是專門為了獎盃而去的。在場的每一個人都興奮地分享着賽事，慶祝到達終點線的那個瞬間。

　　比賽是有趣的。如果能量可以儲存在盒子裏用來開車的話，你甚至都可以連續幾週都不用加油了。一旦你參加了一場比賽，你就想繼續下去。這真是讓所有人都洋溢着好心情的活動。

比賽中所追求的：

- 樂趣和節日——在有趣的地方舉行，是城市節日、音樂或展覽的一部分。
- 組織有序——組織者們維持良好秩序：沒有漫長的排隊、易報名、按時結束、賽道有水域，所有人哪怕是最慢的跑步者都有休息茶點，無大問題。

- 提神事物——有些跑步者有水，有些有食物。
- 一件T恤或其他回報——你會驕傲地穿着它。
- 組織者們關注普通和新手跑步者。

如何尋找比賽資訊

跑步用品專門店

這個來源排在清單第一位，因為你通常在獲得報名表之後，還有關於這場比賽的社論。告訴店員這是你的第一場比賽，你希望享受整個比賽的過程。選擇一項有趣的比賽吧。

跑步的朋友

致電給一位已經跑步數年的朋友，告訴他你在尋找一個每月都有的、有趣的、人氣旺的比賽。繼續重複上面所列的各項，確保你能從朋友那裏得到一個聯絡電話或可進入的網站來了解更多關於這場比賽的資訊。跑步專門店的夥計和社論以及賽事的評估可以指引你獲得一次美好的體驗。

跑步俱樂部

如果在你生活的區域有一到兩個跑步俱樂部，保持聯繫。負責人或成員能引導你正確地參加比賽。跑步俱樂部可以通過網頁搜索引擎找到，輸入"跑步俱樂部（你所在的城市）"，RRCA（美國公路跑步者俱樂部）是一個國家級的社區俱樂部組織，在它們的網站上可以搜索到你所在區域的俱樂部。

報紙

許多報紙會在週末版列出社區體育賽事。在大多數的城市，報紙會在週五或週六，刊登在生活版面。有些會列在體育版下面的"跑步"或"公路賽"。報紙的網站上也常常列出這些賽事。

網站搜尋

只要在網上搜索"公路賽"或"5K(你所在的城市)"。有些公司會為比賽設立報名中心：包括 www.signmeup.com 和 www.active.com，你可以在這些網站上找到你所在區域有甚麼比賽，做些研究再報名。

如何註冊

1. 線上。越來越多的公路賽都接受網上報名。你要繞道找到報名表，然後在截止日期前遞交，填寫報名表並發送出去。

2. 你需要填寫姓名、地址、T恤號碼等，然後簽寫表格，還有一張支票交報名費。

3. 比賽當日按時參加。因為有些比賽是無法在比賽當日註冊的，確保你已經報名完畢。等到最後一刻的話，往往會有罰款──但在真正參加比賽之前也要看看天氣如何。

最常見的比賽距離是 5 公里(3.1 英里)

第一次比賽最好選擇這樣的比賽距離，因為它是一般跑步比賽的最短距離，也是最多區域都會有的比賽距離，方便你選擇。選擇還要很久才要舉辦的賽事，這樣你就可以通過長時間的跑走方式來練習。以訓練來做準備，這樣你在完成跑走訓練的時候，就能在比賽前 7 到 10 天超過比賽當日的距離 1 到 2 英里。

長跑在計劃訓練中為比賽而設

從時間表中，你會注意到每週週末都有一次較長的跑走結合運動。首先，這是一次完全由時間決定的跑步。

一旦在週末跑走結合達到 30 分鐘，你應該連續 2 到 3 個月的每個月都進行這樣的活動，從而計算出跑步的總距離。標準跑道的一圈為 0.25 英里，5 公里實際等於 12.5 圈。

有些跑步者喜歡繞操場完成長跑，有些跑步者則認為這麼跑步很枯燥。在開始、中間和結束的時候跑上 1 到 2 圈可以令你掌握好跑步的速度，這樣你就能在不繞着操場跑步時計算出跑了多遠。

每週增加長跑距離 0.25 到 0.4 英里。跑長跑時可以比每週的跑走結合速度稍微慢些。採用健步間歇來避免氣喘吁吁。如果運動範圍能鍛煉耐力，慢慢來。

以下是在長跑達到 30 分鐘後，為 5 公里比賽準備的長跑時間表：

星期#	長跑距離	星期#	長跑距離
1.	2.25 英里	7.	3.75 英里
2.	2.5 英里	8.	4.0 英里
3.	2.75 英里	9.	4.25 英里
4.	3.0 英里	10.	4.5 英里
5.	3.25 英里	11.	5 公里賽
6.	3.5 英里		

綵排

如果有可能的話，選擇一個或以上的長跑賽事在操場跑道進行。你會了解到到達的方式、在哪裏停車

(或快速過渡車站的出口) 以及場地是怎樣的。如果駕車去跑步場地，多去幾次停車場確保了解如何準確到達你想要停車的位置。這將有助於你在預備場地的跑步當天感到輕鬆自如。在跑步場地的最後半英里內至少跑過兩次。這段路程是跑步全程中最重要的賽道。先試跑比賽的第一部分，也有助於你找出最佳的健步間歇地點 (人行道等)。

想像你在隊伍中的位置：後面，沿着路邊走。如果你排得過前，就能讓原本更快的跑步者慢下來。第一次比賽的時候應該慢慢跑，享受整個跑步的過程。那麼你就很有可能落到隊伍的後方，因為你要進行健步間歇，就像訓練中你要一直沿着路走。如果有人行道，你可以把人行道用於健步間歇。

下午之前

不要在比賽前一天跑步。即使在賽跑前兩天休息，你也不會失去任何有利條件。如果比賽有展覽或其他活動，就會變得更有趣。跑步運動的公司往往會在比賽時候以特價售賣陳列品、鞋、衣服和書等等，但小心挑選特價的跑鞋，建議你最好還是去專業的跑步用品商店，並閱讀本書選鞋指南章節的要點來挑選一雙為你的腳型而設計的鞋。

有些比賽可讓你自己選擇比賽號碼，有的則在比賽前一天，讓電腦分配出你的跑步號碼 (見下方解釋)。瀏覽網站或報名表上的相關指示。大多數比賽會讓你在跑步日挑選你的資料，不過在賽前務必要確認好。

比賽號碼

有時也稱之為 "跑手編號"。在你穿過終點線時，它會別在你上衣的前方。

電腦晶片

越來越多比賽運用科技自動選擇你的比賽號碼和穿過終點的時間。你必須戴着這枚一般會被貼在鞋面靠近腳尖處的晶片，有些公司則會提供綁在腳踝或手腕的腕帶。閱讀說明書確保佩戴的方法是正確的，在賽後請記得交還這些工具。官方組織專門有志願者回收它們，所以在停下來跑步的時候，把它從鞋上脫下來，因為沒有交還晶片的人，會受到高額罰款。

碳水化合物晚餐

有些比賽會在賽前一晚舉行晚宴。期間你能和坐在同桌的跑步者們一起暢談，享受美好的晚上。千萬別吃得過飽。許多跑步者會錯誤地認為他們應該在比賽的前一晚大量進食，但其實這會產生負作用。因為大部分的食物需要至少 24 小時（或更久的時間）才會被處理掉並用作比賽的能量，所以無論在比賽前一晚吃了些甚麼，根本對比賽都完全沒有幫助。

相反，如果吃得過飽或吃錯了東西，那就麻煩了。腸道積累過多的食物，會令你在跑步的彈跳過程中倍感壓力。當腸胃要清空食物來釋放壓力時，是非常常見而又尷尬的時刻。如果不想在跑步前一天的下午或晚上感到飢餓，最佳方案就是少吃一些，越接近睡覺時間、吃得越少。最好能對進食食物也"綵排"一下，這樣你就能了解哪些食物有效、吃多少分量、該停止進食的時間以及應避免進食的食物。長跑前一晚是制訂飲食計劃的好時間，到比賽時把平時的行為照做便可以了。

飲水

　　賽前一天，口渴的時候飲水。如果你已經連續幾小時都沒有飲用水或運動型飲料，每小時飲用半杯到一杯（4 到 8 盎司）液體。不要在比賽當天的上午飲用過多液體，因為會增加賽程中間上廁所的次數。許多比賽在賽道邊都備有移動洗手間，但並非所有比賽都有。所以比較常見的情況是，比賽上午飲用過多液體的跑步者會在賽道旁邊找一棵樹或者小巷解決。賽前 2 小時飲用 6 至 10 盎司的液體是很普遍的行為，一般來說它們在比賽前就已經被排出體外了。

貼士：如果你能在長跑前練習一下液體的飲量，你就能找出比賽當天最適合飲用的分量。預備好你的飲品，這樣你就清楚甚麼時候該飲用了。

比賽前一晚

　　晚上 6 點以後進食就變成選擇性的了。如果你餓了，進食之前所測試過的、不會產生問題的清淡零食。越少越好，但是不要在睡覺前餓着自己。睡覺兩個小時之前，繼續飲用大約 8 盎司的優質電解質飲品，比如 Accelerade。

　　不建議賽前飲酒，因為酒精對中樞神經系統所產生的反應會持續到第二天上午。有些跑步者喝上一杯紅酒或啤酒是沒問題的，但其他跑步者還是最好不要喝。如果你決定喝點酒，我建議你只小酌一點。

　　打包並整理你的衣服，這樣就不必在比賽早上思考得過多。

準備物品：

☐ 在手錶上設定好你一貫的跑走比率

☐ 鞋子

☐ 襪子

☐ 襯衫

☐ 上衣（見衣着溫度計）

☐ 把跑手編號別在衣服的前方

☐ 多帶幾枚安全別針

☐ 水、Accelerade，賽前和賽後飲料（比如Endurox R4），也可自備冰或冷凍工具

☐ 車程來回途中的食物

☐ 繃帶、凡士林或任何你急救時需要用到的用品

☐ 若在比賽當天註冊，帶備現金（或報名費的支票，記得包括遲到的費用）

☐ 準備 25-40 美元用於加油、食物和泊車等

☐ 按照比賽説明佩戴比賽晶片

☐ 在賽前説幾個笑話或故事來娛樂大家

☐ "比賽日清單"副本，見下一節

睡眠

　　你可能會睡得很好，也可能不好。如果睡得一點也不好，別擔心。據我所了解，許多跑步者在比賽的前一晚其實都睡不着，但卻又在比賽當日發揮得淋漓盡致。當然，不需要刻意把自己弄得整夜無眠，只是不用擔心失眠罷了。

比賽日清單

影印這份清單，這樣不僅有計劃了，而且還能付諸實行。把清單帶在袋子裏。除了因為健康或安全考慮，千萬不要在比賽的前一日嘗試新鮮事物。在我所了解而能在比賽中第一次使用的、對比賽有幫助的活動，就只有健步間歇。即使是第一次使用健步間歇的跑步者也會大大受益，不然的話，一切應按原定計劃進行。

上廁所：醒來後，每半小時飲用 4-6 盎司的水。如果跑步前 30 分鐘你已經飲用過Accelerade，則準備就緒了。如想的話，可自備製冷劑。但為了避免常上洗手間，按照你之前已經試驗過的有效飲品攝入法。

食物：進食在跑步訓練中已經適應的食物。除非是糖尿病患者，否則跑 5 公里賽前一般都可以完全不進食，遵照你和你的醫生已經設計好的計劃便可。

確定你的位置：在場地四處逛逛，找到你想排列的位置（在隊伍的後面）以及如何開始。選擇有人行道和緊急停車道的地方進行健步間歇。

登記並選擇你的跑手編號：如果你已經在事前確定了所有資料，可跳過這一步。否則，看清楚登記區的標誌，並去排隊。通常情況下，有專給在比賽日才報名和已經在線上報名或郵寄報名參賽者取號碼的地方。

賽前熱身 40 到 50 分鐘：有可能的話，在場地後退 0.5-0.6 英里，再折返。這將令你預習整場比賽中最重要的賽段——終點。以下是一般熱身步驟：

1. 慢慢健走 5 分鐘
2. 以正常速度健走 3-5 分鐘，保持步伐輕鬆、步幅稍短
3. 開始按手錶的跑步比率進行運動，跑走 10 分鐘
4. 健走大約 5-10 分鐘
5. 如果有時間，繞着預備區來回走走，講講笑話、放鬆一下
6. 預備並選擇路邊或你希望排列的位置
7. 當公路關閉的時候，跑步者都會被召喚到公路上，跨過路沿，貼着路邊跑步，保持靠近人群或跑在人群的後面

開始比賽之後

- 時刻牢記你要以保守的配速和健步來掌控跑前及跑後的感受
- 堅持有效的跑走比率；堅持每一個健步間歇，尤其是第一個
- 如果是熱身，降低速度並多健步
- 不要讓自己在跑步的時候跑得過快
- 當沒有採用健步間歇的人超過你時，告訴自己你後來會超過他們的——你會的
- 和比賽中的隊員一起交談，享受比賽，多微笑
- 天氣溫熱的時候，在水站往頭上澆水（5K 比賽中不需飲水，除非口渴）

在終點線

- 保持直立的姿勢
- 臉上掛着微笑
- 想再參加一次比賽

終點線後

- 持續健步至少半英里
- 飲用 4-8 盎司的液體
- 賽後 30 分鐘內，進食零食：80% 碳水化合物 ＋ 20% 蛋白質（最好是 Endurox R4）
- 如果你能在賽後的頭兩個小時內把雙腿浸在冷水中，就這麼做吧
- 比賽當天稍後時段再健步 20-30 分鐘

比賽後第二日

- 輕鬆健步 30-60 分鐘，可以一次過完成，也可以分小節完成
- 每小時持續飲用 4-6 盎司的水或像 Accelerade 一樣的運動型飲料
- 至少等一週以後再計劃下一次比賽或發誓再也不跑步了

Chapter 4

克服困難
一點也**不難**

疼痛

　　許多人也許會告訴你跑步會傷到關節。根據研究顯示，他們是錯誤的。我閱讀過醫療期刊的報告，也聽取了各位頂尖醫生的結論。按照這些傳播了幾十年的報告來看，跑步者的關節往往比非跑步者要健康。

　　大多數跑步疼痛是可以預防的，幾乎每個人在開始跑步計劃時總會犯一到兩個小錯誤。所以大多數的疼痛主要因為錯誤的訓練方式，其實只要停止運動休息幾天，疼痛就會自然消失。

　　我在經歷了 50 年的跑步生涯後，基本上也體驗到了每位受傷跑步者所講述的疼痛。很驕傲的說，在我寫這本書時，我已經連續 25 年沒有因為過度使用而受傷了。保持無傷並沒有那麼困難，我所採用的方法就在本章中，已經傳授給了一個又一個跑步者。

儘量向支持你跑走的醫生查詢

　　本章的內容無關醫療建議。一旦出現醫療問題的一點蛛絲馬跡，即馬上去看醫生。我建議你諮詢已經治療過許多跑步者且支持你繼續跑步和健走的醫生。

就像上述所講的選擇比賽的方法一樣，同樣適用於選擇醫生：跑步用品專賣店、跑步俱樂部、幾年跑步經驗的朋友和網站等。美國醫療運動協會和美國跑步協會，均有一份體育醫學醫生的清單，他們常年為許多跑步者提供服務。

弱線

每個人的身體在運動的時候，都有一些特定區域容易運動過度。跑步者的常見區域是膝蓋、腳、大腿和小腿。由於每個人採用的方法不同，也許你在跑步和健步的時候，還會有其他地方不適。一旦有幾個地方出現痛楚，你就會清楚自身的弱線在哪裏，一定要小心對待。

痛不可硬跑

出現劇烈疼痛你還是硬要再繼續運動，只會令損傷加倍。通常在出現一絲疼痛的時候，我便會選擇健走。健走 1 到 2 分鐘之後，再慢跑幾秒鐘，之後再健走，重複 3 到 4 次。如果痛楚還沒有消除，我就會停止跑步了。事實上，我已經超過 10 年沒怎麼停止跑步過。如果你在受傷的初期能及時休息 1 到 2 日，就能有效地避免在未來幾週甚至幾個月內再次受傷。即使只有一絲受傷的可能，最好還是及時休息修正錯誤。

造成跑步受傷的 3 大狀況：

- "雖然受傷了，但還有 1 英里路呢⋯⋯我還是跑完它吧。"
- "可能受了輕傷，但是我覺得也沒甚麼大不了。"
- "今天狀態太好了！我覺得跑步也不會令傷勢惡化的。"

受傷的跡象：

- 腫脹：由跑步引起的某個區域感染、發炎
- 失去功能：腿、膝蓋等不能正常運作
- 痛！休息幾分鐘或健步幾分鐘都無法令痛楚消失

錯誤的傷痛處理：

- 嚴禁伸展（除非髂經束受傷）
- 嚴禁熱敷
- 不要連續 2 天做任何會令傷痛惡化的活動

快速治療貼士：

所有類型的傷痛：

- 連續休息 3 天，停止跑步、熱敷和刺激受傷區域
- 避免任何會惡化傷痛的活動
- 恢復跑步的時候，動作稍輕，確保不要刺激到傷痛

肌肉拉傷

- 致電你的醫生，看看是否需要服用藥物來增強體力並消炎
- 尋找成功治療多位跑步者的運動按摩治療師來檢查身體

肌腱和腳受傷

- 直接在受傷地方，每晚用一大塊冰揉搓 15 分鐘（保持揉搓直到受傷區域在大約 15 分鐘後變麻）。
  注意：冰袋和凍啫喱的效果不見得很好。
- 有時候腳部受傷應該首先用加壓冰囊（air cast）治療，這能穩定腳部和腿部，讓傷口開始癒合。

膝蓋受傷

- 致電醫生確認是否需要服用消炎藥。
- 在跑步日輕柔地健步一到兩週有助恢復。
- 有時膝關節保護帶能緩解痛楚，可諮詢醫生。

脛骨受傷

- 如果痛楚隨着跑步逐漸消失，就不用太擔心是壓力性骨折的問題。
- 但若痛楚隨着繼續跑步或健步加劇——馬上看醫生！（可能是壓力性骨折）

在傷痛癒合之前就繼續跑步

　　對於大部分的傷痛，其實你在痊癒的過程中仍然可以跑步。但是，你首先必須花些時間停止跑步，讓痊癒的過程開始。如果在受傷初期，你只需要 2 到 5 天的時間。你把解決問題的時間拖得越久，造成的傷害就越多，痊癒的時間也越久。在痊癒和跑步的過程中和醫生保持聯繫，遵照他們的叮囑加上自己的最佳判斷來運動。

　　一旦你恢復了跑步，確保運動程度不會令傷痛惡化。換句話說，如果在跑步 2.5 英里以後感到稍微的疼痛，3 英里以後就會開始承受更多的傷害，按此你的跑步里程就不能超過 2 英里。如果"健康的"跑走結合比率是 3 分鐘跑步 1 分鐘健步，你應該恢復到 1：1、30 秒：30 秒或 30 秒跑：60 秒走的比例。

　　堅持跑步日之間休息一天。你可以帶着大部分的傷痛進行交叉訓練來維持狀況，但是確保傷痛可以容許你這麼做，可向醫生徵求意見。

維持狀態的最佳交叉訓練模式

在做任何這類的訓練之前應先向醫生徵求意見。大多數的訓練對於大多數傷痛來講是可以接受的。但是有些訓練可能會刺激到傷痛區域，從而延誤治療。關於這部分的詳細資訊，可以閱讀《蓋洛威的跑步書》第二版中關於交叉訓練的章節。逐漸積累交叉訓練，因為你不得不逐漸調節這些肌肉。如果傷痛和醫生都允許你健步的話，它也是維持狀態的一種最佳方法。

- 水中跑步（能改善你的跑步姿勢）
- Nodic track 機
- 健步
- 划艇機
- 橢圓機

在我的《蓋洛威的跑步書》（第二版）中有更多關於各種受傷的資訊。以下是一些有幫助的建議，我希望介紹給大家。

膝蓋疼痛

如果你能夠立刻停止跑步並休息 5 天，大多數的膝蓋問題就會消失。諮詢醫生是否能使用消炎藥。嘗試找到造成膝蓋問題的原因，確保跑步場地沒有斜坡或斜面。如果前腳掌的內側有磨損，你很有可能是腳內翻。如果膝蓋疼痛的問題反覆出現，你可能需要一個足部支撐器或直立矯正器。如果膝蓋骨下方疼痛或有關節炎，葡萄糖胺或軟骨素會有所幫助。這類產品中，我認為效果最好的是 Cooper Complete 公司的關節修復產品（Joint Maintenance Product）。

膝蓋疼痛之外——髂脛束摩擦綜合症

　　這種筋膜束是大腿到膝蓋下方腿部以外的肌腱。最常見的疼痛在膝蓋外部，但有些疼痛也會沿着髂脛束而出現。我認為這是"搖擺傷害"。當跑步的肌肉勞累時，它們無法令你保持直立的跑步姿勢。本來髂脛束會盡力限制擺動的幅度，但是它不起作用了。隨着跑步繼續進行，你的擺動動作會過度使用髂脛束。我從大多數跑步者和醫生那裏得到的回應是：一旦開始癒合後（通常在停止跑步幾天以後），大多數跑步者不論是持續跑還是徹底休息，癒合的速度一樣快。在這種情況下，最關鍵是保持運動程度不會進一步惡化傷痛。

髂脛束的治療方法：

* 拉伸：拉伸髂脛束緩解會造成疼痛的緊繃。髂脛束受傷，你可以在跑步前、跑步後甚至跑步中進行拉伸。拉伸的主要目的是在髂脛束緊繃的時候可以令你跑步。
* 按摩療法：一位好的按摩治療師會分辨出有幫助的按摩方式以及按摩的位置。有兩個可能需要注意的地方是結締組織緊張的連接關節以及不同地方的筋膜帶。
* 健步通常都是沒問題的，往往小步幅的跑步也是可以接受的。
* 直接在疼痛的地方用冰按摩：每晚連續按摩 15 分鐘。

脛骨疼痛——"脛骨骨膜炎"或壓力性骨折

這塊區域的疼痛基本上常常暗示了一個叫做"脛骨骨膜炎"的小問題,能在跑步和健步的時候癒合。這種傷痛在跑步或健步開始的時候會最痛,但痛楚卻會隨跑步和健步而逐漸減退。復原是需要花一點時間的,所以必須要有耐心。

從腳踝以上到大腿內側的疼痛稱為"後脛骨骨膜炎",往往是由腳內翻所導致(腳在離地的時候向內轉)。當疼痛聚集在小腿前方的肌肉時,就是"前脛骨骨膜炎"。一般由於跑步、特別是健步時步幅過大而產生,癒合的過程中應儘量避過下坡的地形來跑步。

如果疼痛的位置非常具體並隨着跑步加劇,你可能有一個更嚴重的問題:壓力性骨折。初跑者是常常出現這個問題的,當中多由於運動過量、速度過快,同時也說明骨質密度低或人體缺鈣。如果你不確定是否是壓力性骨折,不要跑,也不要對大腿施力,讓醫生來檢查。壓力性骨折會要求幾個星期不能跑步,而且在頭幾個星期必須打上石膏。

腳跟疼痛──蹠腱膜炎

"最有效的治療辦法是在早上邁開第一步之前，把雙腳放在一對具良好承托力的鞋子內。"

當你在早上邁開腳健步的時候，就能感受到這種很常見的受傷(疼痛位於腳後跟裏面或者中心)。隨着你的熱身運動，疼痛逐漸消失，只會在第二天的早上再次出現。最重要的治療方法是起床之前把你的腳放在一對具良好承托力的鞋裏。確定在跑步專業用品商店已經"驗鞋"，保證你為雙腳選擇了一雙合適的鞋。如果感到痛苦的話，你應該諮詢足病醫生。通常醫生會圍繞足弓和後跟為腳造一個腳托，一般情況下並不需要一個非常堅硬的矯正器。一個稍微柔軟的、專門為你的腳而設計的矯正器就能起到很好的效果了。"腳趾緊縮"有助於培養支撐腳部的力量，只要簡單的收縮腳趾幾秒鐘，直到快要抽筋為止便可。堅持幾星期以後就會有效，這種受傷也允許在癒合的時候跑步，但要和醫生保持聯繫。

腳的跟腱

跟腱是連接足跟和小腿肌肉的那條窄窄的肌腱帶。肌腱是人體機械系統裏非常有效率的一部分，就像一根結實的橡皮筋一樣，令小腿毫不費力就能帶動雙腳活動。跟腱受傷往往是因為跑步或拉伸運動中的過度用力所致。首先，避免在任何活動中以拉伸的方式來伸展跟腱。在所有鞋履讓腳後跟稍微提起一點便有助於改善跟腱受傷，減少了移動範圍。每晚直接用一大塊冰摩擦跟腱表面約 15 分鐘，直到完全麻木為止。冰袋和冷凍啫喱在我看來是沒有任何功效的。一般來說，停止跑步 3 到 5 天，冰敷的效果就能持續，傷痛會進入癒合模式，而消炎藥對跟腱基本不起任何效果。

髖部和腹股溝疼痛

有各種各樣的因素會令髖部受傷加劇。髖部並不是跑步的主要移動工具，只有在腿部肌肉很累的時候，你又持續的施力，髖部往往就會被濫用。髖部也許會被強迫做更多的工作，而且必須做出本來不該髖部做的許多劇烈的移動。向醫生諮詢處方類消炎藥，因為它能加快恢復速度。應儘量避免額外的拉伸和任何可能令傷痛加劇的活動。

伸 展

　　也許你會感到吃驚：伸展運動原來會導致很多傷痛。我的調查發現，經常做伸展運動的人，伸展是受傷的頭號罪魁禍首。當然也有個別伸展運動對不同的個人有所幫助，我認為大多數堅持跑步和健走的人根本不需要做伸展運動。我知道你會說關於拉筋的各種好處，尤其是參與過網球、游泳、足球、高爾夫等活動的人們。然而，跑步和這些活動有着顯著的區別。在其他運動中，你必須強迫自己的身體去做一些並非本能應該做的活動。我們的祖先可不打網球或高爾夫，但是他們確實跑步和健步。

　　如果我們把這兩樣活動輕柔地結合在一起，就像書前面所描述的一樣，就能在人體所設定的範圍和能力內保持活動。拉伸往往會讓肌腱和肌肉超過個體能力範圍來活動，常常導致受傷。

緊張

　　隨着跑步和健步距離的增加，不要驚異於隨之產生的緊張感。在單次跑步者，大多數緊張感來源於肌肉疲勞和持續跑步時逐漸儲存的廢物，而拉伸運動並無法消除這種緊張感。

放鬆的錯覺

　　我完全相信，當你伸展疲勞和緊張的肌肉時，會在短期內感覺更好。我和數十個心理學家、骨科醫師和其他專家談過後，方理解到伸展緊張的肌肉會撕裂許多肌肉纖維，然後，你的身體知覺到時就會開始分泌激素止痛。在這種情況下，哪怕只有一個拉伸的動作，也會傷到肌肉，更會延長身體恢復伸展損害的時間了。即使是輕輕地伸展，也會令肌肉變得更脆弱。

有些緊張感是好的

你的身體會隨着跑步而緊張一會兒，主要是因為雙腿在逐漸適應遠距離跑步。來自於雙腳的動力更有效，移動範圍也更有效率。許多生理機械專家告訴我這種緊張感在大多數情況下可以減少受傷的幾會，令跑步更輕鬆。如果身體某個部位的緊張感令你感到不適，按摩可以幫助，即使是使用自家的按摩工具，例如"按摩棍"等。

瑜伽和普拉提？

我每週都會遇到在訓練中因為伸展運動而受傷的跑步者。即使是輕微的伸展，超過運動範圍，就會對關節和肌腱產生反作用。瑜伽的精神力量和跑步時需要的精神力量一樣重要，如果你能從上述運動中獲得精神好處就繼續堅持吧，但還是別做拉伸運動了。

例外的拉伸 ── 受傷的髂脛束

這種筋膜束是大腿到膝蓋下方腿部以外的肌腱。肌腱從大腿開始，沿着每條腿的外側、附帶在膝蓋以下的幾處地方。除了這處可以做拉伸運動外，我還

發現個別地方的拉伸有助於舒
緩髂脛束的緊張感。髂脛束受
傷的人可以在跑走結合運動之
前、之後或中間進行拉伸，或
者當髂脛束緊張或開始疼痛的
時候拉伸一下。關於髂脛束受

傷的更多資訊，本書的受傷章節也有介紹。

如果跑走前無法拉筋，不要內疚

　　柔和地健步 5 分鐘，然後慢慢由健步過渡到跑走結合，是我目前
發現最有效的熱身方式。

如果個別的拉伸運動有效的話⋯⋯就做吧！

　　我見過一些人，一定的拉伸運動看起來是可以幫助他們的。如果
你能找到對你來說有效的拉伸方式，繼續堅持，但要小心一些。

強化運動

　　有幾種強化運動有助於跑步。但我必須先強調，我認為跑步並不是一項力量的運動。"跑步姿勢"章節也提到，跑步是當你習慣了它的時候才最有效率，我把跑步稱之為"慣性運動"，換句話說，你用幾步令自己移動起來，然後不斷保持移動。所以，跑步所需要的力量是最小的，當你了解了這些事實後，就不會吃驚於本章短小的篇幅了。

　　觀察一下速度較快的跑步者的身體，幾乎沒有鍛煉到任何肌肉，也沒有大塊的肌肉出現。攜帶額外的超級結構不會有助你向前移動，對於身體來說反而是累贅——導致長跑後段速度降低。我曾經和其他運動員一起參與力量型競賽，跑步者的得分是最低的。當我完成世界級的比賽後，我還沒有認識過一個比賽者要花一個小時進行力量鍛煉——除非他們高中或大學的田徑教練要他們這麼做。

注意：這些運動並不意味着不會造成任何醫療問題。它們已經被一個又一個跑步者試用，因為數以千計的跑步者們都從中受益。如果你有背部或其他病痛，確保你的醫生或其他專家允許你使用這些練習。

腳趾緊縮 —— 用以預防腳步和小腿受傷

我認為腳趾緊縮練習基本上可以幫助每一個跑步或健步的人。不論是否赤腳，把腳尖伸直並伸縮腳部肌肉直到拉緊。只要幾秒鐘就能達到這一效果，你可以堅持每天重複此練習，一天練習 10 到 30 次。

這種方法對抗一種稱之為"足底筋膜炎"的腳步傷痛最有效，它能加強腳部的力量，為腳踝提供更佳的支持。我還聽說有些跑步者認為這種方法可以有效防止腳後跟跟腱發生問題。

姿勢肌練習

平衡上半身的肌肉力量，支撐你的身子，你就能在跑步、健步以及其他生活活動中保持正確的直立姿勢。直立姿勢對你來說是自然的，跑步就會更輕鬆。身體保持平衡了，你向前運動會更有效率，所需的能量也更少。

良好的姿勢也能帶來更有效率的呼吸，你可以深呼吸，同時減少側邊痛，又能把氧氣吸收最大化。有兩組肌肉需要加強。前方的腹部肌肉提供支撐和平衡力，當背部和頸部肌肉平衡了腹部力量之後，你就能抵擋肩膀、頸部和背部的疲勞。

前肌肉：緊縮

躺在一塊有墊子的小毯子或地鋪上，讓背部獲得足夠的墊力。膝蓋彎曲。現在，舉起你的手，微微從地面升起你的上半身。向上升起一到兩英吋，再降低，但不要讓上半身靠着地面。當你慢慢移動的時候，不要讓腹部肌肉放鬆；繼續讓腹部肌肉隨着你的身體起落而工作，運動幅度保持在小範圍。如果你能輕輕的捲向一邊，持續運動，也會有所幫助。這些活動會加強支撐你軀幹前方肌肉群的整體活動範圍。

後背、肩膀和頸部：滑臂運動

兩隻手各持一個啞鈴站立（非跑步過程中），重複你在跑步中可能揮動的手臂幅度。保持啞鈴靠近身體，雙手從腰部向上滑到肩膀，再回來。

選擇合適的啞鈴，重複 10 組訓練，你能鍛煉到所有相關的肌肉。但是，不要在做最後一、兩組訓練的時候那麼用力。開始時一組 10 個，逐漸增加到 3-5 組，每週 1-2 次。這項訓練可在跑步日或非跑步日進行。

處方運動

這些運動是為了以下所列出的一個或更多部位需要獲得更多支持而設計的。在以下這些地方常常出現疼痛和受傷的時候，可以通過下面的運動來改善。

膝蓋——舉重長槓練習

如果你的膝蓋脆弱，以下這項練習可以加強腿部各個肌肉。通過鍛煉上述範圍內的肌肉力量，膝蓋就能獲得更強的支撐、加強膝蓋周圍的肌肉。

這組中，股四頭肌會更有力量，保持雙腳直接在大腿以下小範圍移動，膝蓋受力變小。

坐在高櫈或桌子上。用一個舉重長槓，抬起或降低，漸漸由內而外改變活動範圍。先從沒有負重開始，一組舉 10 次。當你可以輕鬆完成 3 組、每組 10 次後，用袋子或筆記本環繞腳踝加幾磅重量。

脛骨的 2 個練習

①抬腳

坐在橙子上，膝蓋彎曲成合適的角度。雙腳必須完全離地。在腳上掛一個一磅重的袋子或筆記本。抬腳並降低 10 次。改變腳的角度，從內到外。當你可以輕鬆完成 1 組 10 次的練習後，可適當地增加重量。

②腳跟健走

穿一雙墊子很厚的鞋，以腳跟健走，這樣腳趾區域離地。先從 10 步開始，逐漸增加到 2-3 組、每組 20-30 步。

保持積極向上

- 持續性是調節身體和健康的重要部分
- 積極的心態是持續下去最重要的因素
- 你每天都可以控制積極的心態

選擇在你手中。你可以完全控制好自己的心態或者你也可以讓外部因素帶來過山車一樣的心理變化：一天快樂積極，下一天又抑鬱消極。有時人只要隨口說說話或健走一段路，就能在當天變得積極起來。但要保持積極的心態需要策略或激勵的訓練計劃。要搞清楚這一個過程，我們就要看看大腦的內部結構。

大腦有兩個分離的半球，從不相連。具有邏輯思維的左腦掌管了我們的工作活動，總是令我們轉向快樂、遠離不適。充滿創意和直覺的右腦則是解決無限問題的來源，令我們和隱藏的力量聯繫在一起。

壓力累積的時候，左腦會傳達一系列的資訊："慢下來"、"停"、"今天運氣不好"；甚至還有一些哲學性的資訊，像"為甚麼你會這麼做？"即使在左腦告訴我們這些資訊的時候，我們依舊有能力保持在軌道上，令自己的表現更上一層樓。接受指令而非動機的第一步就是忽略左腦，除非存在健康或安全（極少）的原因，或者你現在跑得比預計的速度快很多。這裏有三種成功的策略來應付左腦，讓右腦開發你的潛力解決問題。

這些練習能讓右腦工作，針對現有問題提出解決方案。當負面消息從左腦散發出來，右腦不會吵架。精神上準備好你即將面臨的挑戰，就可以賦予自己解決問題的能力、鍛煉精神韌性。更重要的是，你還有為成功而備的三大策略。

練習 1—成功的綵排

艱難的一天後出門

1. 說說你想要的是：在辛勞的一天後，從家門開始跑步。

2. 將挑戰拆細：低血糖、疲勞，一堆消極資訊，需要家庭活動，急切的想讓自己感到放鬆。

3. 把挑戰按照一系列的行動分開，哪些能引導你跨越精神障礙，哪些沒有挑戰右腦。

一天結束的時候驅車回家，你知道那天是鍛煉日，但沒有力氣了

- 你的左腦說："你太累了。休息一天吧。你沒有力氣跑步。"
- 所以你對左腦說："我不要運動。我會換上舒適的衣服和鞋，吃吃喝喝，準備好晚餐要用的食品，感覺輕輕鬆鬆。"
- 你在自己的房間裏，穿上舒適的衣服和鞋（恰好是用來跑步的）。
- 你在喝咖啡（茶、健怡可樂等），品嚐好吃的能量零食，準備好進爐子的食物。
- 邁出家門，查看天氣。
- 你走到所住街區的邊緣，看看鄰居們在做甚麼。
- 當你過馬路的時候，你就在路上了。
- 腦內啡出現了，你感覺很愉悅，想繼續下去。

4. 一次又一次排練這個場景，不斷調整，直到完全融入到你的思想和行動——反應出你想攻克的具體場景。

5. 最終精神上非常享受跑步之後的愉悅，達到想要的結果。感覺愉悅：態度積極、充滿活力，完全放鬆。你在剩下的那個夜晚享受着成就感。

在早晨出門

第二個最常見的激勵問題有關睡床舒適度，當你醒來的時候，知道運動的時間到了。

1. 説説你想要的是：在早上邁出家門健步和跑步。

2. 將挑戰拆細：想賴床，不想那麼早起，鬧鐘的壓力，必須要思考當大腦運轉不快的時候接下來該做甚麼。

3. 把挑戰按一系列行動分開：哪些能引導你跨越精神障礙，哪些沒有挑戰右腦。

- 夜晚之前，在咖啡壺旁邊擺好跑步的衣服和鞋，這樣你就不得不考慮了。

- 設定鬧鐘，對自己一遍又一遍的講："關閉鬧鐘，把腳放到地上，咖啡壺的旁邊"，或者"鬧鐘、地板、咖啡"。當重複這些的時候，你就會不假思索的把每個動作視覺化。通過重複，你會安然入眠。你已把自己設定為第二天採取行動的程式了。

- 鬧鐘響了。你關上它，腳踩着地，頭對着咖啡壺——完全不用思考。

- 你每次穿上一件衣服，小啜一口咖啡，沒有考慮運動。

- 咖啡杯握在手裏，你走出家門看看天氣如何。

- 喝一口咖啡，你走到了街區的邊緣或物業的邊緣看看鄰居們在做些甚麼。

- 放下咖啡，穿過馬路，你已經完成了休息！

- 腦內啡出現了，你感覺良好，想繼續下去。

4.　一次又一次排練這個場景，直到不需要思考就可以連續從一個動作到下一個動作。

5.　排練能把你大腦格式化成一系列行動，你就不需要從一個行為到下一個行為中間的時候再思考。當你重複這一個模式，在真實生活中調整，你也就變成了最終想變成的人。

你成功啦！

練習 2─神奇話語

　　即使是最有動力的人，他或她在一場艱苦的鍛煉或比賽中都有想退出的時候。通過使用成功的洗腦技巧，你就能衝破重重的消極思維、感覺像冠軍一樣到達終點。在這些日子裏，你不僅到達了終點線，還克服了中間的種種挑戰。看看神奇話語是如何起作用的：

　　我們每個人總會遇到一些很特別的問題，它們一次又一次的出現。這些問題有可能在未來也困擾着我們。回到你的記憶庫，抽出因為這些問題而開始失去動力的瞬間，但最終完成任務、克服了挑戰。

"放鬆……力量……滑行"

　　在非常艱苦的跑步中，我遇到了三個挑戰：第一，我在非常累的時候很緊張，擔心在終點會掙扎得很痛苦。第二，我覺得失去了在比賽初始的彈跳和力量，擔心後來沒有力氣了。第三，我的跑步姿勢開始支離破碎，擔憂"搖晃"會進一步惡化肌肉和肌腱，令自己更加疲勞。

　　過去三十年裏，我已經學會用神奇話語"放鬆……力量……滑行"（Relax ... Power ... Glide）來對抗那三大問題。

　　將每一個積極的因素視覺化後，也會有所幫助。真正的神奇來自於我完成與此有關的幾百個成功經驗，當我開始"失去"三個區域中的一個，卻克服了問題。

　　每當我"跑完"一個或多個充滿挑戰的情境，就把經驗和這些神奇的話語聯繫在一起，令它更加神奇。

　　現在，當某些事不對頭的時候，我就會不斷重複那三個詞。不斷累積的焦慮沒有了，取而代之的是重複令我冷靜下來的詞語。儘管我在跑到 5 英里的時候並沒有感到自己像在 1 英里處那麼有力氣，但我知道自己從過去的經驗中總結出了一套能賦予我力量的戰略。而且，當雙腿不再有效率地邁步和彈跳時，我會調整自己繼續前進。

　　想在任何日子都成功，你只需要完成比賽。大多數時間，你只要不放棄把一隻腳放在另一隻的前面，就能完成"糟糕的部分"。如果身體完成了所有必要的訓練，你需要克服左腦在一系列鍛煉和早期比賽中的消極資訊。這樣就會一次又一次地積累更多信心。隨意使用我的神奇話語吧，或者發展自己的一套話語。積累的詞語和經驗關聯度越大，它們產生的魔力就越大。

骯髒伎倆

綵排步驟的戰略會令你更專注、更有條理，同時減少跑步初始的壓力。神奇話語會讓你沿着訓練和比賽，克服大多數挑戰。但是在特別艱難的時候，左腦要耍小把戲就能有所幫助。

"骯髒伎倆"不一會兒就能快速解決左腦的三心兩意，令人踏踏實實地在公路或賽道上多跑大約 1 英里以上。這些想像力和瘋狂畫面背後或許沒有任何邏輯，但是，當左腦中產生了一個創意的資訊後，你就打開了一扇窗戶，具備更加接近跑步終點站的機會。

巨大的隱形橡皮筋

當我在長跑或辛苦的跑步中覺得很累的時候，就會打開這一神秘武器，投向身邊超過我的人、或大膽超過我的那個人。在一段時間內，這個人並沒有意識到他或她已經在"打圈"且繼續挺進，然而我已經得到了被沿着跑的好處。當我在腦海中把自己投射到這樣一個畫面約一兩分鐘後，就不得不為了相信這樣一個荒唐的概念而大笑。尤其當你定期這麼做的時候，往往能產生更多有趣的想法。

右腦中存在無數的骯髒伎倆。一旦你啟動了它，就很有可能體會到解決當下問題的辦法。右腦會在你另外 400 到 800 碼賽段更接近終點的時候，不斷產生樂趣。

想了解更多的骯髒伎倆和精神戰略，可以閱讀《蓋洛威的跑步書》（第二版）以及《馬拉松──你可以做到》。

交叉訓練：
非跑步日可
做的運動

　　我的跑走結合法已經幫助數以萬計的初跑者避免
受傷，讓他們能享受規律跑步帶來逐漸改善的活力和
態度。越來越多比例的初跑者在體驗了無傷跑步後，
就會想當然的以為他們已經對各種疼痛都免疫了。可
惜他們大錯特錯了。

好事不宜多

　　跑步的辛苦動作包括把身體提起地面，然後再吸
收衝擊力。如果你每隔一天這麼做的話，有限的損害
會及時修復，你的健康也會得到改善。許多跑步者，
甚至是 50、60 歲都沒有問題。

　　一旦跑步變成規律的日常活動，跑步者享受到跑
步帶來的生機與活力，有些人就會偷偷在原本應該休
息的那一兩天進行跑步。同樣多的人數月來積累的積
極心態，突然失控了，開始承受各種疼痛。

　　邏輯是這樣的：如果少量的跑步令他們感到十分
舒服，那麼增加跑步里程數就能讓他們感覺更好。增
加 1 到 2 天額外的跑步日，受傷風險會成雙倍或三倍。

交叉訓練活動

可以妥協的辦法就是一天跑步，接下來這一天進行交叉訓練。交叉訓練簡單來說就是跑步的"交替運動"。你的目標就是找到類似跑步一樣、同樣令你感覺舒適的運動，而非令小腿肌肉、跟腱和雙腳疲勞地跑步。

別的運動無法像跑步一樣產生跑後的餘暉效果，但也非常接近了。很多跑步者都說每節混合 3 段或 4 段就能感到真正的鍛煉。

但是即使你沒有得到跑步產生的相同感覺，也能從運動中放鬆自己、燃燒脂肪和熱量。

開始任何運動時（或在運動停止後，動力開始退減）

1. 開始的頭 5 分鐘做一下輕鬆運動，運動 20 分鐘後再進行 5 分鐘輕鬆運動。
2. 休息一天再做這項運動（可在第二天做不同的運動）。
3. 每節逐漸延長 2-3 分鐘，直到你完成的時間長度令人感覺舒適。
4. 完成 2 小節 15 分鐘的運動後，調整運動為一節 22-25 分鐘，如果願意的話每節逐漸增加 2-3 分鐘。
5. 長跑、艱苦的速度訓練以及賽跑的前一天最好不要做運動。
6. 要在每個替換運動中保持健康狀態，在完成既定的運動量後，每週做一節 10 分鐘或以上的運動。如果有時間，你可以在所有非跑步日進行交叉訓練（XT）——上述第 5 點所提到的情況除外。
7. 交叉訓練的最大運動量取決於個人意向。只要你在訓練完的那天感到舒適，而第二天跑步也沒有問題，那麼交叉訓練的時間就不是問題了。

水中跑步能改善跑步姿勢

我們每個人都會有些移動及轉動姿勢令跑步效率降低。而水中的鍛煉則能以水的阻力令腿部肌肉增強，更有效率之餘，還能令雙腿在長跑終點感到疲勞時，一直保持平順地前進。

以下就是方法：

此項運動需要一個漂浮腰帶。"水上漫步"（aqua jogger）產品可以令人雙腳離開池底，漂浮在泳池裏。拉緊彈性腰帶，使其緊貼身體。還有很多種保持漂浮的方法，包括滑水漂浮帶和救生衣等。

進入水池的深水區，以跑步的方式移動雙腿。也就是說，膝蓋稍稍或沒有提升，向前方輕輕地踢出去，然後將腿帶到後面並提起，令大腿及小腿屈曲成90度角。就像在跑步時，小腿應該在後踢時呈水平狀態。

如果你沒感到非常用力，膝蓋很有可能提得太高，同時雙腿移動的範圍也比較小。為了達到效果，你需要增加跑步的移動幅度。

每週一次水中的跑步對於保持已經達到的適應性是很重要的。如果漏了一週，運動的時間長度應該從前一節的時間中縮短幾分鐘。如果錯過了三週以上，重新開始：每週兩節，每節 5 至 8 分鐘。

燃脂與全面健身訓練

Nordic Track 健身器

這個運動器材在越野滑雪中能刺激移動。它是交叉訓練模式中的最佳燃脂工具，因為它令你使用全身大部分的肌肉細胞，體溫亦同時上升。

如果運動配速輕鬆，你會逐漸達到燃脂的時間段（經過 45 分鐘）。這對於腿、腳並無衝擊（除非你太用力或時間太長），而且第二天可以像往常一樣跑步。

划艇機

划艇機有很多種不同的類型。有些會令雙腿運動過度；但是大部分都會用到身體上半部和下半部的各種肌群組織。

好比 Nordic Track 健身器一樣，如果找到了合適的划艇機，一旦逐漸掌握了方法，就可以持續延長運動的時間，想要多久就有多久。大多數較好的器械都是良好的燃脂機，它們會運用到大量的肌肉細胞，提升體溫，而且可以持續運動 45 分鐘以上。

單車機

室內單車運動(在單車機上的運動) 比室外單車的燃脂效果更好，因為它能令體溫提升得更高。和真正的單車運動不同，你無法得到微風帶來的降溫效果。不管是室內單車還是室外單車都會鍛煉到股四頭肌：位於大腿前面，相比划船機和 Nordic Track 等減少了肌肉細胞運動的總數。

別忘了健步！

全天任何時間都可以健步。健步可以 "偷偷燃脂"，因為一天內可以隨意添加幾百步額外的步數，特別是少量的步數。健步還是一項極佳的文叉訓練運動，包括跑步機上的健步。注意：步幅要小。

上半身的交叉訓練

重量訓練

重量訓練不是一項很燃脂的運動，不會直接有利於跑步，通常可以在非跑步日或跑步日進行 (跑步後)。

加強力量有各種不同的方法。如果有興趣，找一位教練幫助你鍛煉你想培養的肌群力量。本書前面提過，不建議針對腿部的重量訓練。

游泳

儘管游泳不是燃脂運動，但是它加強身體的上半身，促進心血管健康的同時加強上半身肌肉的耐力。游泳可以在跑步日和非跑步日進行。

不要在非跑步日進行這些運動！

下列運動方式會使跑步中用到的肌肉感覺疲累，阻止它們在跑步休息日恢復。如果你喜歡以下任何運動，可以在跑步當日跑完步之後再做。

- 樓梯機
- 有氧踏板操（會導致膝蓋問題）
- 針對腿部肉的重量訓練
- 快走——特別在有斜坡的場地
- 騎車課程（騎單車），你要站在踏板上、用腳蹬

應付不同的天氣

"不管是雨天、冰雪、炎熱，還是陰天或夜晚，都不能阻止我們跑步。"

有時候，下雪、下雨或者超級嚴寒的天氣都是我在跑步早期所嚮往的天氣，這樣就有藉口不用跑步了。如今，即使遇到上述天氣，也有從頭到腳的衣服可以應付了。是的，科技帶走了我們不能運動的各種藉口。但是跑步者也是充滿創意的。每年我都能從一些跑步者那裏聽到新鮮的理由，說明為何不能到場以及不能運動的理由。現實中，即使沒有抵禦嚴寒和酷熱的天氣，你也能在室內跑步或健走——用跑步機，在商場、體育館或健身中心裏。

幾年前，我在阿拉斯加州的 Fairbanks 參加跑步比賽。我不得不詢問當地的跑步俱樂部成員，每人能抵禦的嚴寒程度。冬天在零下華氏 66 度（約攝氏 -19 度）跑 10 公里（不是寒風，是真的地表溫度）。他說真得感覺不到寒冷了。實際上，服裝設計師已經根據跑步者在極端天氣跑步的需求設計出衣服，令大家都能在零下的情況下，非常舒適地跑步。我也承認，無論如何，即使是零下 66 度，我也沒法跑步，必須重新更換跑鞋貼着溫暖的爐火跑。

炎熱天氣

我也聽過關於抵抗酷暑的空調衫傳言,但目前為止還沒見哪個服裝生產商做出來。有的話我就能穿着它參加 Key West 馬拉松,尤其是最後 20 英里的時候,溫度已經上升到華氏 95 度(約攝氏 35 度)。我這幾十年來在酷熱天氣中的長跑,大多數在佛羅里達州和喬治亞州,有時也會在夏威夷和菲律賓。我還從來沒見過可以降低體溫的衣服。你所能期望的就是減少體溫上升的程度,這樣就能更涼爽一些、更舒服一些。

當你在高度炎熱(華氏 70 度 / 攝氏 21 度以上)或中度炎熱(華氏 60 度 / 攝氏 15.5 度以上)以及濕度高(50%)的時候劇烈運動,體內的溫度會升高。大多數的初跑者體溫會上升約華氏 55 度(約攝氏 13 度)。這會激發血液釋放到皮膚的毛細血管,令你降溫。但它會減少運動肌肉的血液供應,即是說令有助前進的血液和氧氣量會減少,也只有較少的血液來清除體內的廢物。

所以壞消息就是溫暖的天氣裏,你會感覺更差、跑得更慢。如果你的體溫上升過快、戶外時間過久或者跑得過快(對於你自己來說),結果可能會中暑,閱讀本章結尾關於健康問題的內容會對你有幫助。

好消息是,隨着你了解一天中最適合跑步的時間、衣着和其他可以降溫的竅門,你就能在某種程度上適應這些條件。但是以下還有其他不錯的選擇,請繼續閱讀。

在夏日酷暑中跑步

1. 在太陽升起地平線之前跑步。天氣暖和的月份早起，你就能避免大多數因太陽輻射而造成的壓力。這個問題在潮濕的地區更明顯。清晨往往是一天中最涼爽的時候。不用和太陽對抗，大多數跑步者會逐漸適應炎熱。至少，跑步過程也比當天晚些時候要舒服得多，但請注意清晨時分的安全程度。

2. 如果你必須在太陽當空的時候跑步，選擇一個陰涼的場地。陰涼能大大緩解乾燥區域和潮濕環境中的不適。

3. 在濕度低的區域，往往晚上和夜裏是涼爽的。在潮濕的環境中，緩解的程度不大。潮濕的地方，黎明之前是一天中溫度最低的時候。

4. 擁有一種室內運動器材。如果是跑步機，你可以開着空調運動。如果你覺得跑步機很無聊，5-10 分鐘交替小節運動，一節室內、下一節室外。

5. 別戴帽子。大部分的身體熱氣都是通過頭頂散發的，蓋着頭會令身體內部快速積蓄熱量。

6. 穿着輕盈、非棉質的衣服。許多新型科技纖維（Polypro 聚丙烯、Coolmax 柯夢絲、Dryfit 快乾滌綸等）可以帶走皮膚上的水分，產生降溫的效果。棉吸汗，但棉質的衣服會更重更熱。

7. 把水倒在頭上，蒸發不僅有助於降溫，還會令你覺得涼快。這種心理幫助會對動力產生很大影響，也許會幫助你完成一次困難的鍛煉。跑步的前一晚冰一瓶水，跑步的時候帶上它。

8. 分段進行短距離跑步。天氣炎熱的時候進行短距離的跑步是可以的，把這 30 分鐘的跑步分給早上 10 分鐘、中午 10 分鐘和夜裏 10 分鐘。長跑就應該無論如何一次完成。

9. 在水池小憩或淋浴降溫。跑步中，在水池或淋浴浸泡 2-4 分鐘確實很有幫助。有些跑步者在天熱的時候繞着街區一圈圈的跑，每一圈都會對着水管沖沖頭。水池浸泡身體能夠緩解人體過高的體溫。我曾經在佛羅里達州的跑步場跑步，溫度高達華氏 97 度（約攝氏 36 度）。把 5 英里的跑步分成了 3 次乘以 1.7 英里完成。每次跑步間隔，我會用 2-3 分鐘的時間在池子裏"浸泡休息"，然後繼續跑步。只有在每段跑步結束時，才感到熱。

10. 防曬——需要保護自己。然而，有些防曬品塗在皮膚上會減少排汗、令體溫積聚得更高。如果你每次在太陽下的活動在 30-50 分鐘，也許不需要塗抹防曬品預防癌症。關於個人的具體需求，諮詢皮膚科醫生或找一款不會堵塞毛孔的產品。

11. 每 2 個小時至少飲用 6-8 盎司例如 Accelerade 的運動型飲料或水，或者在口渴和天氣炎熱的時候（非跑步的時候）一直喝水。

12. 閱讀本節結尾的衣裝溫度計。穿着面料、質地寬鬆合身的衣服。質地上限制或阻礙排汗的衣料會導致蒸發降溫的局限性，緊貼着皮膚。

13. 如果你只能在非常熱的天氣裏在戶外運動，我也允許換對新跑鞋——最好在安裝空調的環境裏。

熱天長跑減速

氣溫升到華氏 55 度（攝氏 13 度）以上，人體就開始聚積熱量，但是大多數的跑步者直到華氏 60 度（攝氏 15.5 度）才會大幅度地減速。如果能儘早調整速度的話，你就不會在後來不得不忍受一次性降低很多速度的情況。本表的基線為華氏 60 度或攝氏 14 度。

華氏 60-65 度	每英里慢 30 秒，比 60 度跑得慢
華氏 66-69 度	每英里慢 1 分鐘，比 60 度跑得慢
華氏 70-75 度	每英里慢 1 分半，比 60 度跑得慢
華氏 76-80 度	每英里慢 2 分鐘，比 60 度跑得慢

攝氏 14-17 度	每公里慢 20 秒，比 14 度跑得慢
攝氏 18-19 度	每公里慢 40 秒，比 14 度跑得慢
攝氏 19-22 度	每公里慢 1 分鐘秒，比 14 度跑得慢
攝氏 23-25 度	每公里慢 1 分 20 秒，比 14 度跑得慢
華氏 80 度以上 和攝氏 25 度	小心，格外小心避免中暑，或……室內運動、在空調的環境裏運動

中暑警告！

儘管你不太可能把自己逼到中暑的情況，但是在炎熱（或潮濕）的情況下運動時間越長，你就越有可能達到這種危險狀況。這就是我為甚麼建議你在炎熱的戶外跑步時，把運動分成較短的小節。對炎熱的反應和周圍的跑步者保持敏感。如只出現一點中暑的症狀，通常問題不大，除非感覺極其痛苦。若同時出現幾種中暑的症狀，立刻採取行動，因為中暑會導致死亡。立即中止鍛煉及降溫，保守一些總是比較好的。

症狀：

- 頭部聚積很多熱量
- 全身整體過熱
- 十分頭痛
- 十分噁心
- 全面混亂和注意力無法集中
- 肌肉失去控制
- 出汗過多，然後停止出汗
- 皮膚濕冷
- 呼吸急促
- 肌肉抽筋
- 感覺眩暈

中暑的原因：

- 中毒或細菌感染
- 藥物影響──特別是感冒藥、利尿劑、腹瀉藥、抗組胺藥物、阿托品、莨菪鹼和鎮定劑。
- 脫水（特別是因為酒精引起的）
- 嚴重曬傷
- 超重
- 缺乏炎熱的訓練
- 超過個人習慣的運動量
- 曾經中暑
- 幾個晚上嚴重失眠
- 特定的病況，包括高膽固醇、高血壓、極度緊張、哮喘、糖尿病、癲癇、用藥（包括酒精）、心血管疾病、抽煙或缺乏鍛煉等。

行動！撥打 911

利用你的最佳判斷，但是大多數情況下，出現兩項以上中暑症狀的人應該馬上轉移到涼爽的環境並且尋求醫療救助。最有效的降溫方法是把毛巾、布料或衣服用涼水浸透，然後蓋在中暑的人身上。如果有冰的話，在濕布上撒一些冰。

炎熱適應鍛煉

如果你規律地強迫自己對抗體內熱量的聚積，就能稍微適應這種壓力。就所有的訓練步驟來說，規律是最重要的。儘管出汗量和出汗時間每個人不盡相同，但是你應該在鍛煉結束的時候出了一定程度的汗。如果天熱得令人難以忍受，則減少運動量。

重要提示：當你閱讀本節關於中暑的內容時，如果感到自己在訓練中曾出現反胃、注意力不集中或失去精神意識的情況，也把它中止吧。

- 在短距離跑步日每週一次這項鍛煉
- 採用平時的跑走結合比例，配速輕鬆
- 5 分鐘健步熱身，5 分鐘健步放鬆
- 溫度在華氏 75-85 度（攝氏 23-29 度）效果最佳
- 出現反胃跡象或其他中暑症狀時中止鍛煉
- 溫度低於華氏 79 度（攝氏 26 度），加多層衣服來模仿更高的溫度
- 第一節：在炎熱的情況下僅跑走 3-4 分鐘
- 接下來每一節連續增加 2-3 分鐘

貼士：在冬天保持耐熱性
多層次的衣着會令你在跑走結合的最初 4-6 分鐘內開始出汗，你就多數能保持炎熱夏天中花許多時間所調節出來的適應度，繼續輕鬆地跑個 5-12 分鐘吧。

對抗嚴寒

我多數跑步時溫度均在華氏 60 度以上，但我也試過在零下華氏 30 度（攝氏 -1 度）的環境跑步。當時為這次跑步做了許多準備，並穿上了衣箱裏所有能掛上身的衣服。然後我冬天的跑步顧問快速地評估了我的衣着，他認為我身上仍有不足之處。於是乎再加上兩層衣服之後，我便準備出門了。

衣服的各個種類，尤其是貼身穿着的那一層是很個人的。在此我不打算就服裝種類作過多的解釋，因為科技發展得太迅速了。整體來講，你所穿着的第一層必須是舒適而非太厚的。現在有不同質地的面料，大多數是人造的，既能舒舒服服的保溫，又不會讓你覺得過熱。大多數類似的纖維能夠儘快移除皮膚表面的汗或雨等水份——尤其是

在你跑步和健步的時候。

　　這樣不僅能增加你在冬天的舒適度，而且還能消除因為冷風下皮膚濕了所導致的陰冷。

在寒冷的冬日裏跑步

1. 如果你想在戶外跑步，把午餐時間延後吧。中午通常是一天當中最溫暖的時候，所以你有可能不得不計劃提前上班（繳費、出差等），中午的陽光能令你的戶外跑步更加舒適——即使是在很冷的時候。

2. 如果清晨是你唯一可以跑步的時間，記得把自己裹得嚴嚴實實。本節結尾的"衣着溫度計"能幫助你按照溫度來穿着，避免穿衣過多。

3. 在開始時順着風向跑，尤其是當你跑完要拐彎的時候。如果在跑步的上半場風從背後吹來，人會特別容易出汗；但當你迎着冷風跑的時候，就會很易感覺寒冷。

4. 健身中心會提供室內場地和其他運動設施。有了跑步機，你就不用在寒風中跑步了。我和許多痛恨跑步機的跑步者共事過，但是他們也痛恨在室外跑步15分鐘以上。他們的解決方案就是交替7到15分鐘的運動小節——一節室內、下一節室外。把轉換場地的行走當成是健步間歇，健身中心無形中拓寬了你的運動視野。

5. 運動日有一天為"鐵人三項"——精選三個項目。你可以在家或者健身中心做運動。閱讀"冬天鐵人三項"欄目，了解更多訊息。

6. 找到公司或家附近的大型室內場地。在休斯頓，跑步者們會使用城市街道下面的隧道。許多北方城市都有天橋，在交通狀況允許的情況下，跑步者和健步者都可以使用。體育中心、商場和市民中心都可以成為冬日跑步者們時不時活動的地方。

7. 戴一頂帽子！你會通過頭頂失去體內大部分的熱量。蓋着頭頂有助於你保持體溫和溫暖。

8. 當你在寒冷的環境下健步和跑步時，蓋住四肢，抵禦冬日刺骨的寒冷。保護好耳朵、雙手、鼻子以及基本上臉部的前方。確保你已經穿着足夠厚的襪子保護雙腳。男人們，多穿一條內褲。

9. 分時間進行跑走結合運動。在特別冷的日子裏，可以把 30 分鐘的跑走結合運動分成早上 10 分鐘、中午 10 分鐘和晚上 10 分鐘。

10. 採取"熱身"間歇。在你一頭栽入冷空氣前，在室內原地健步和跑步。跑步時，如果你在戶外變得特別冷，在室內先進行 2-4 分鐘的健步就能有所幫助。有些跑步者很巧合地把健步間歇放在允許公眾走路的大樓裏。

11. 凡士林——一定要保護好曝露在冷空氣裏的每一吋肌膚。比如說眼部周圍的皮膚等，滑雪面具也可能無法保護。

12. 當你在冬日運動的時候，不論室內還是戶外，你所出的汗跟熱天是差不多的。你應該至少每隔 2 小時就飲用不少於 4-6 盎司的運動型飲料或水，或者是口渴就喝。

13. 另一個提示：閱讀本章結尾的衣着溫度計，按照具體情況選擇。

冬日鐵人二項

在訓練中，採用三個以上運動小節來讓冬日鍛煉充滿活力。看看下面：

1. 選擇週內的其中一天進行你的鐵人三項，選擇三項活動。

2. 戶外活動例如跑—走、郊外滑雪、滑冰和踏雪等。

3. 室內活動例如跑—走、游泳、樓梯機、健身單車和划艇機。

4. 家中室內運動例如運動器械、樓梯、舉重、仰臥起坐、跳繩、原地跑步和電視健身操等等。

5. 每 5-10 分鐘換一次運動。

6. 可記錄你在每個機器做了多少動作、跑步里程和每個活動持續的時間等。

7. 擴展到鐵人五項（5 個運動項目）、鐵人十項（10 個運動項目）等。

8. 隨意結合室內和戶外活動；設定你的"世界紀錄"清單。

衣着溫度計

根據多年在各種氣候下輔導跑步者的經驗，對於最合適的衣着，我的建議是以溫度為基礎。一如既往的穿着最適合你自己的衣服。基本原則就是首先按照功能來選擇。然後牢記最重要的那一層要舒適，也就是緊貼着皮膚的那一層。標籤上寫着由 Polypro，Coolmax 和 Drift 布料製成的服裝不僅能在冬天保留足夠的身體熱量令你溫暖，同時會釋放額外的熱量。不管是冬天還是夏天，它都能通過轉移皮膚上的水分，令你享受夏天涼爽的同時避免冬天的寒冷。

溫度	穿着
攝氏 14 度　/　華氏 60 度以上	緊身背心或汗衫，短褲
攝氏 9-13 度　/　華氏 50-59 度	T恤和短褲
攝氏 5-8 度　/　華氏 40-49 度	長袖輕盈襯衣、短褲或緊身衣（或尼龍長褲），露指手套和分指手套
攝氏 0-4 度　/　華氏 30-39 度	中等重量長袖襯衫和T恤、緊身衣、短褲、短襪，露指手套和分指手套，一頂護耳帽
攝氏零下 4-1 度　/　華氏 20-29 度	中等重量長袖襯衫和T恤、緊身衣、短褲、短襪，露指手套和分指手套，一頂護耳帽
攝氏零下 8-3 度　/　華氏 10-19 度	中等重量長袖襯衫和中等或偏重的T恤、緊身衣、短褲、短襪，尼龍風衣，上衣和褲子，厚的露指手套和一頂護耳帽
攝氏零下 12-7 度　/　華氏 0-9 度	兩件中等重量到偏重的長袖上衣，厚緊身衣，厚內衣（特別是男性），中等重量到偏重的熱身衣，滑雪面罩，一頂護耳帽，並給暴露的肌膚塗抹凡士林
攝氏零下 18-11 度　/　華氏零下 15 度	兩件中等重量的長袖上衣、緊身衣和厚的緊身衣，厚內衣（男性支撐器），分指手套外面套上露指手套，厚厚的滑雪面罩，一頂護耳帽，給暴露的肌膚塗抹凡士林，在需要的時候穿上更厚的襪子和其他足部保護工具
攝氏　/　華氏零下 20 度	按照需要添加層次

不要穿甚麼

1. 冬天一件厚大衣。如果穿太厚的衣服在身上，你會發熱、大量出汗而且在脫下衣服時過涼。
2. 男性夏天不要穿着襯衣。吸收水分的布料會讓你在跑步和健步的時候感到更涼。
3. 塗上太多防曬品，會阻礙排汗。
4. 太厚的襪子在夏天會令雙腳腫脹，而襪子的壓力也會增加黑甲和水泡的風險。
5. 亮綠色配耀眼粉色波點襯衣（除非你超級自信而且／或跑得很快）。

讓藉口灰飛煙滅

　　我們所有人都有不喜歡跑步的時候。在不喜歡跑步的日子裏，你很有可能因為跑步或其他體育活動過多需要休息一天。但往往不是那樣的情況。實際上當我們生活在壓力中（誰又不是呢？），左腦有很多為甚麼不應該跑步的理由，都是很有邏輯性和準確性的。

　　我們每個人都能選擇是否聽取這樣的藉口。一旦你能快速決定是否有醫療原因（或其他合法原因）說明為甚麼不應該跑步，你就能明瞭左腦大多數時候其實都在勸你變得懶惰。

　　向前看並不會耽誤你當下的時間，同時也會消除大多數的藉口。你會發現大量零散的時間、更多精力、與孩子們一起的優質時間以及運動能帶來比你想像中更多的享受。

　　以下是我們大多數人日常生活中會聽到的藉口清單。每一個藉口，我都已經給出一個策略來擊破。很多事簡簡單單就能做到，但是終歸只有你才是自己這艘船的艦長。如果你能對自己的時間表和態度負責，就會提前計劃。當你學會忽略左腦裏的內容，把一隻腳放在另一隻腳的前面，內啡肽就開始分泌了，藉口也開始灰飛煙滅了。

生活真美好！

我沒有時間跑步

近期執政的美國總統都是跑步者，大多數副總統也不例外。你比總統還忙嗎？零散的時間一直都有，這裏有 5 分鐘、那裏有 10 分鐘，都可以進行跑走結合運動。規劃時，你會發現每天原來也有好幾次能空出半個小時。許多跑步者發現當他們身材的線條變得更美好時，每天也願意睡少一點早起床來了。

這一切都圍繞着一個問題："你是否打算掌控自己的每一天呢？"一旦當你看到自己的時間表，常常會發現一些時間安排中能做許多其他的事情。通過為跑步制定時間，你就會變得越來越有生產力和效率，遠遠"賺回"你花在跑步的時間。底線就是你有這個時間，好好珍惜，生活就會更有質量。

跑步會受傷或很枯燥

如果這樣的事情發生了，你自己才要對此負責，因為你是令這件事發生的人。通過保守的配速、適當的跑走分量，你會比跑步前感覺更好、更有活力。如果你在跑步開始就有壞習慣如大大加快速度，那麼應該學習控制你自己！開始時儘量多走走，降低你的跑步配速。一旦你學會了降低配速，你就能精力更充沛、跑得更遠。

我要花時間陪孩子

有些嬰兒車可以讓父母們跟孩子一起跑步。我的妻子和我在有第一個孩子的時候，我們用一輛"寶寶慢跑車"一起跑了幾千英里。在第二對雙生子出生的時候，又使用了一輛雙人嬰兒車。如果配速合適，你就能和孩子們談論任何事，他們也不會跑走或爬走掉。然而，目前還沒有適用於青少年的車款。因為我們過去一直和孩子保持緊密的關係，我們發現聊得越多，我們所獲得的反饋比其他一起的活動要多得多。通過跑步帶領他們一起成長，你也成為了一個榜樣：即使是很忙，你也抽出時間運動、花時間和孩子們在一起了。

我有太多工作要做

工作永遠做不完。一些調查發現跑步者們在跑步之後能完成更多的工作。跑步會產生更多能量和更積極的態度，而且還會減少壓力。幾百名跑步者告訴我晨跑帶來的時間和精力，優於任何其他活動。有些人說工作後的跑步釋放了壓力，令辦公室內原本渙散的精神重新集中起來。很明顯，如果你能堅持規律跑步的話，每日工作（甚至更多的工作）都能完成。這都取決於你是否要負責，這樣才能把跑步加入到你的生活中

我今天沒有力氣跑步

這是最容易解決的問題。大多數和我一起共事的跑步者，都曾用過這個藉口，其實只是因為吃得不夠。我的意思不是叫他們吃多一點，而實際上大多數情況下，進食的分量反而是降低了。通過每2到3小時進食一次，大多數人都會在很多時候感到精力充沛。即使你在白天吃得不好，也能通過跑前一小時進食"加速"零食克服低血糖。咖啡因也有幫助（只要你對咖啡因不敏感），我的活力食物伴侶是一條

能量棒和一杯咖啡。只要隨身攜帶一些食物,就能在跑步前注入活力了。

我沒有隨身攜帶跑鞋或衣服

用一個舊袋子(如背包等),裝一雙跑鞋、一件冬夏均可穿的上衣、短褲、熱身褲、毛巾、止汗劑以及任何你會在跑步中需要的東西,然後整理一下。把背包放在前門的旁邊或者車尾箱等。然後,下次你等待接孩子踢足球的時候,你也能在洗手間裏快速變裝、繞着操場跑幾圈。

我寧願坐在沙發上吃糖

好,是時候"測驗"你了。你會如何回應這種訊息呢?

孩子們的跑步

　　跑步對於孩子們來說是一種自然活動——但是他們會否認的。當你想讓他跟你待在一起時，你的兒子會選擇電腦遊戲而非在七天內任何一天來運動，或臉上掛着大大的微笑跑去擁擠的超市或商場。而當你回家時和停車場裏的另一個家長談話的時候，你卻看見你那個常說痛恨運動的女兒一次又一次地大笑着追趕着朋友。

　　所以，其實在自然情況下孩子們往往在玩耍、踢足球、休息時或者在廣場上和另外的孩子一起奔跑。如果孩子們能這樣跑，而且感覺很棒時，就明白及學習到自己也是個跑步者了。或許他們未必肯承認自己喜歡跑步，但事實上你卻看到一有機會，他們就會跑步的。

　　系統的、有競爭性的跑步計劃一般都對孩子沒有效用。我認為主要原因是長跑是一種內省的活動，只有成年人才會理解和欣賞這種內在的好處。

　　但悲傷的是，許多充滿天份的孩子往往在競爭或比賽時失去精神，個人競賽所造成的壓力是一般孩子難以承受的。然而，榜樣卻成為孩子最大影響力。如果你在跑完步後講述你的感覺多麼美好、跑步如何令你的人生態度更好，孩子們就會將這種觀念"存檔"到他們的潛意識當中。

　　但是，如果你談論的是膝蓋怎麼受傷了，跑步如何艱難，以及你如何會嘔吐——猜想你會給孩子們關於跑步培養出來甚麼想法呢？

有趣的追趕遊戲已經成為一種非常積極的方式把跑步整合到孩子們的生活中（去公園，一週進行一些需要跑步的活動。活動後進行關於每個人的感受、心靈和身體的對話，非常重要。）。

獎勵是不會傷害到孩子的。可以是一場電影、去最喜歡的餐廳、一件跑步衫或者是蠢蠢的東西，後者往往比其他東西更有影響力。

如果你能給孩子一種他們喜歡的、與跑步有關的運動，他們就會被一起運動的朋友們影響而更愛跑步。嘗試挑選一個帶着正能量的群體及積極的教練，他們會幫助孩子們提升技能之餘也能給予良好的建議。

在孩子們吊兒郎當的時候，也應該適當地批評（然而，你也不需要一位把跑步當作懲罰的教練）。許多跑步者在高中和大學時代參與足球開始了跑步生涯，踢足球的孩子們往往意識不到自己已經跑了許多。

我的兩個兒子已經成為大學長跑選手。他們在跑步中所獲得的滿足感遠遠大於自己的成就，當他們選擇走出去跑步的時候，並沒有甚麼人告訴他們一定要這麼做。然而，擁有一位熱愛跑步的爸爸（和媽媽），他們是對的。

如果你現在跑步狀態不佳，怎麼辦？

你在剛開始跑步或開始一段短跑的時候累不累？

這主要是由於低血糖造成的。在跑走前一個小時，吃一條能量棒及喝一杯咖啡（或自選飲料）。

你是否日復日在相同的地點完成跑走結合？

如果你只在同一個地方跑步，衝破它吧！一週至少去一個風景優美或者有趣的地方。有些人在城市裏跑步會更加積極，有些人則迫不及待的要去運動場上跑。哪種場地能激勵你跑步，就去那吧。

你一週運動時是否有超過 3 天會覺得辛苦？

如果你累了或只是沒有動力了，你有可能短暫性撞倒了"極限牆"。調整回每隔一天再運動，直到你感覺積極性又恢復了。

大多數這樣的跑步者發現，如果在跑步初期能保持 10 分鐘一小節，反應就會更好。一兩個星期以後，10 分鐘就不夠了。

你是否和一班人一起跑步呢？

正確的群體會令你積極向上。當你跑步的時候，和別人分享了生活中的故事和笑話等……一起跑步好像具有反干擾雷達一樣，鼓勵你成為你自己並和其他人一起分享。一起跑步的快樂不容錯過。

每天跑步的距離一樣嗎？

如果距離一樣，改變它。一週長跑，一週短跑，還有一週不長不短。多樣性能給跑步增加樂趣。

每天跑步的速度一樣嗎？

如果每天跑步的速度一樣，你早晚也會感到厭倦的。閱讀本書裏提到的步頻練習。步頻練習不僅能幫助你跑得更輕鬆、更快——20 秒鐘的步頻計算也能令你在跑步中稍作休息、達到目的。

你有目標嗎？

看看你所處之地的跑步比賽時間表，選擇一個你想完成的比賽。如果你之前已經參加過這個比賽，繼續為比賽設定一個時間目標。當你在日曆表上寫下比賽的日期時，就更有理由來進行每次跑步了。

你是否剛剛完成一個長期目標？

當你為一項充滿挑戰的比賽受訓幾個月後，失落是很正常的。在目標完成 2 個月後，你可以選擇一系列積極性的跑步（社交、風景、節日比賽）來避免失落的心情。

在你完成第一個目標至少一個月以前，把它們記錄在你的日曆或訓練日誌裏。這將為一次又一次的比賽提供源源不絕的精神動力。

你在訓練日誌裏記錄下跑步了嗎？

日復一日的記錄跑步里數是很鼓舞人心的。常常在翻閱及回顧日誌記錄時，你就會找到為甚麼沒有積極性的原因：一個月內跑得過多，或跑得過快等。

一旦你形成了寫日記的習慣，你就會因為記錄每天成功的跑步里數而充滿了幹勁——越來越不想把"零"記錄在日誌中。

你是否在每幾次跑步之後都會獎勵自己呢？

長跑後的一杯沙冰，或與朋友跑步後一起吃煎餅早餐，都是食物獎勵的兩個例子。我們的心智會隨着以下這些方面而產生積極的迴響：社交、衣着、裝備、情緒以及精神等。以下是一些精神得到強化的一些示例：

經過一場艱苦的跑步——

"我今天不得不再堅持一下，最終打

　敗了敵人。我覺得太棒了！"

經過一場很棒的輕鬆跑——

"沒有甚麼事情能比跑步更能消除壓力了。"

完成全年最長距離的跑步——

"我簡直無法相信我居然跑了這麼遠！"

完成一場你認為無法完成的跑步——

"我覺得充滿了能量；我能完成任何事。"

完成一場比你想像中稍慢的跑步——

"我比那些坐在沙發上的人跑得快多了。"

解決問題的辦法

常見問題：

- 跑完步休息一日，問題又來了
- 很痛！
- 沒有力氣……
- 側邊痛
- 我在當日感覺良好，但是第二天……
- 沒有動力
- 腿部肌肉抽筋
- 胃痛或腹瀉
- 頭痛
- 感冒時應該跑步嗎？
- 街道不安全
- 狗
- 心臟病與跑步

休息之後，如何調整自己回到以前的狀態？

停止跑步後休息的時間越久，恢復到之前狀態的速度就會越慢。我現在要警告你的是：可能你感覺自己的身材和體態已經完全恢復到以前的樣子——實際上是沒有。按照比計劃中還要低的強度來運動，慢慢恢復，若不確定的話，還是保守一點。記住你的最終目的是為了長跑。

休息少於 2 **週。**你會覺得一切好像要重頭來過，但覺得很快就能恢復。假設你是在整個過程的第 20 週，但是不得不休息 10 天，那麼就將之前的第 2 週訓練作為休息後的開始，然後在下一星期跳到第 4 或第 5 週的訓練。如果一切都沒問題，在下一個 2-3 週休息之前，逐漸回到你原本的時間表上。

休息 14 **天到** 29 **天。**你會覺得一切好像又重新開始了，但要更久一點才能回到以前的狀態：你可以在大約 5-6 週內恢復正常。採用你選擇的時間表進行兩週的訓練（從第 1 週開始）。如果沒有任何痛楚或持續的疲憊感，再按照時間表繼續進行，但中間跳過一週的訓練。完成第 5 週的訓練後，才回到你的時間表上。

休息一個月或以上。如果你有一個月或一個月以上沒跑步了，重新開始吧，像初跑者一樣。完全按照本書中三個時間表中（從第 1 週開始）的其中一個來進行頭幾個星期的訓練。2、3 週以後，最安全的計劃就是繼續按照時間表來訓練。

如果你沒有感到痛楚或持續的疲憊感，就可以通過每三週跳過一週的訓練方式令自己快速恢復。訓練 2 個月都無任何問題出現，可在狀態良好的時候，以每一週跳過一週來進行訓練。

痛啊！

是一閃即過的痛楚還是真的受傷了？

跑步過程中感到的大多數痛楚都會在一到兩分鐘內消失。若痛楚隨着跑步繼續出現，可健走 2 分鐘，慢跑幾步，再健走 2 分鐘。

如果連續 4、5 組後痛楚又回來了，立刻停止跑步和健走。若痛楚在你健步的時候慢慢消失，剩餘的鍛煉就全部以健步進行。

　　健步疼痛　當健步的時候疼痛一直伴隨，嘗試一小段跨步走，走大約 30 到 60 秒。如果健步的時候還是感到痛，嘗試坐下來，如果可以的話按摩感到疼痛的區域。坐下來休息 2-4 分鐘。在重新嘗試健步時仍感到痛的話，結束鍛煉，休息一天。

如果你有以下任何狀況，就有可能受傷了：

發炎：某個地方腫脹

失去功能：腳、膝蓋等，運作不正常

痛：感到痛楚，痛感持續或惡化

治療建議：

1. 尋找曾經成功治療其他跑步者且希望你繼續跑下去的醫生作檢查。

2. 休息至少 2-5 天令傷痛開始癒合，中止任何可能會刺激傷痛的活動，酌情延長休息時間。

3. 如果受傷區域緊貼肌膚（肌腱、腳等），用一塊冰在傷處摩擦：持續摩擦 15 分鐘直到傷處麻木。在沒有任何症狀出現之後，繼續按摩一星期。冰袋和啫喱冰在大多數情況下沒甚麼用。

4. 如果問題出現在關節或肌肉內，致電醫生並諮詢你是否可以使用處方類消炎藥。沒得到醫生的准許前切勿使用任何藥物，謹遵醫生建議服藥。

5. 若你的肌肉拉傷，找一位經驗豐富的運動按摩治療師來檢查。最好能找到成功治療過許多類似傷痛的醫生，有魔力的手指和雙手往往也會創造奇跡。

　　上述建議來自不同的跑步者。想了解更多關於受傷、治療等資訊，可閱讀本書的"無傷"章節以及《蓋洛威的跑步之書》（第二版）。

今天沒有能量

每年都會有好幾天不太想做運動，多數情況下，你都能夠改變自己並感覺良好。但有些時候，你可能由於感染、持續的疲憊或其他健康問題而無法做到，而以下這份清單就能給你能量了。如果以下這些方法都沒法讓你開始跑步，請閱讀營養章節——尤其是本書中有關血糖的章節。

- 在跑步前約一個小時進食一條能量棒，搭配飲用水或無咖啡因的飲料。

- 或者在運動前半小時，飲用 100 到 200 卡的運動型飲料，其中 80% 是簡單的碳水化合物、20% 為蛋白質。Accelerade產品正是按此搭配的。

- 離開家、寫字樓等健步 5 分鐘，能量就會出現，簡單的走動也能帶起積極的態度。

- 沒力氣的一個主要原因是運動結束後 30 分鐘內沒能及時補充能量：由 80% 碳水化合物和 20% 蛋白質組成的 200-300 卡熱量（Endurox R4 按此配方製成）。

- 低碳水化合物飲食會導致能量低，從而影響鍛煉前的積極性，常常在鍛煉結束的時候就沒有能量了。

- 在大多數情況下，即使你並不精力充沛也能跑步。但是如果你受到感染，就馬上去看醫生。如果能量持續幾日都很低，可以找了解運動員特殊需求或了解血液工作的營養師看一看。發生這種狀況，可能是缺鐵、缺維他命B和缺少能量儲存等造成的。

注意：如果你對咖啡因過敏，不要食用任何含有咖啡因成分的產品。像往常一樣，如果有任何健康問題，看醫生。

側邊痛

這種病痛非常常見，並且通常有一個簡單的解決辦法。正常情況下並不需要過分擔心，它只是有點痛。這種情況是由兩個因素造成的：缺少深呼吸和在跑步的開始階段速度過快。你可以很容易的糾正第二點，以健步開始，並且在跑步的頭幾分鐘儘量降低速度。

在跑步的起步階段深呼吸可以防止側邊痛。以這種方式可以把你呼吸到的空氣送到你肺部的底部，也被稱為"腹式呼吸"，我們在睡覺的時候就是這樣呼吸的，它可以使氧氣的吸取達到最大化。如果你在跑步的時候沒有深呼吸，就無法得到足夠的氧氣，側邊便會疼痛。通過減速、健步、深呼吸一會兒，痛楚就會消失。但有時候它並不會消失。大部分跑步者會繼續帶着側邊痛跑下去。以我 50 年的跑步經驗和幫助別人跑步的經歷中，我從來沒發現帶着側邊痛跑步有長期的副作用，它只是有點痛而已。

小貼士：一些跑步者發現如果你在有側邊痛的時候，用痛的這一側的手緊握一塊石頭用力擠壓 15 秒鐘，側邊痛會消失。堅持擠壓 3-5 次，同時深呼吸。

你沒必要花最大的力氣去深呼吸，只是簡單深深一吸，把空氣送到肺部深處。當你發現腹部在吸氣和呼氣的時候上下起伏，你就做對了。如果是胸部上下起伏，那僅僅是很淺的呼吸。

注意：吸氣和呼氣不要太快，這可能導致換氣過度、眩暈、昏厥。

我某天感覺很好，另一天卻很難受

　　如果你能解決這個問題，那麼你將成為一個非常富有的人。有一些常見因素會造成這種情況，但是你的身體狀況不佳時總會遭遇"那些日子"，又或者感覺比平常更沉重，而你卻找不到原因。

1. 堅持訓練。大部分情況下，這種感覺只屬偶然。大部分跑步者會在訓練中加入更多的健步走，降低速度來完成訓練。在進行速度訓練之前，一定要確定造成這種"不良"反應的原因不是醫學原因。我曾經在前幾英里或者前幾組速度訓練感覺非常差的情況下完成了我跑步訓練的最好成績之一。

2. 天氣熱和濕度大會讓你感覺更糟。在氣溫低於華氏 60 度（攝氏 14 度）的時候你會感覺良好，但是當氣溫高於華氏 75 度（攝氏 21.5 度），或者濕度很高的時候，你會感到難受。

3. 低血糖也是導致跑步訓練感覺難受的一個因素。在開始階段你可能還感覺不錯，但是突然就會發覺你好像沒有能量了，每一步非常艱難。請閱讀本書關於血糖的部分。

4. 精神動力不足。使用在第 23 章《保持積極向上》中介紹的想像技巧，來幫你渡過這糟糕的一天，或者幫你在天氣情況不佳的情況下繼續跑完全程。這些技巧已經幫助過無數的跑步者來改變他們的想法，甚至在跑步的半途中也是一樣。

5. 感染可以導致你感到昏昏欲睡、之力，無法保持幾天前可以輕鬆達到的速度。檢查一下常見的症狀（發燒、畏寒、淋巴腺腫大、早上心率高等等），如果你懷疑身體出現問題應該至少打電話給你的醫生。

6. 藥物和酒精，即使是前一天服用的，仍然會造成宿醉，這可能不會影響你生活的其他方面，但是卻會影響你的跑步訓練。你的醫生和藥劑師應該告訴你這些藥物對劇烈運動產生的作用。

7. 一個緩慢的起跑過程是造就感覺良好的一天和感覺糟糕的一天的關鍵。當你的身體處於疲勞或其他壓力的邊緣時，每英里僅僅步行或者跑快了幾秒，就會導致難受或者更嚴重的症狀。

肌肉抽筋

大部分的跑步者都會在某個時刻突然出現抽筋。這些肌肉收縮通常發生在腳部或者小腿，並且在健步和跑步的時候都有可能發生，也有可能在運動過後隨機發生。通常情況下，肌肉抽筋會發生在晚上或者當你坐在桌子前面或者在下午、晚上看電視的時候。

抽筋的嚴重程度不同。大部分都不嚴重，但某些情況可能會使肌肉用力過度引致受傷。放鬆肌肉，嘗試輕柔地按摩抽筋部位，這樣做可以解除大部分的抽筋症狀。但在極少情況下，拉伸會導致抽筋加重或者拉傷肌肉纖維。

大部分抽筋是由於肌肉過度使用導致的，突然加大運動量，或者持續地挑戰自己的極限，特別是在天氣較熱的情況下。檢查一下你跑步日誌裏面的速度和里程，確認你是否跑得過快或過久，或者兩者都有。

持續跑步會增加抽筋的機會。在跑步訓練中加入更多的步行休息可以減少抽筋發生的可能性。一些曾經在連續跑步中試過抽筋的跑步者證實過，以一分鐘健走或跑步來計算，每跑 30 秒便步行 30 到 60 秒的比率運動的話，抽筋就會停止。

在天氣很熱時，一瓶很好的電解質飲料（在一天中均勻地攝入）可以幫助補充身體由於出汗損失的鹽分，在一天中每 1-2 個小時飲用 4-6 盎司，可以幫助補充礦物質。

在路程非常長的健步、慢步或跑步訓練中持續出汗，如果你飲用大量液體，會使你體內鈉的濃度變得過低，從而導致肌肉抽筋。如果這種情況經常發生，緩衝鹽片劑（如 Succeed）可以起到幫助。

　　很多藥物，特別是那些降膽固醇的藥物，他們的副作用也包括肌肉抽筋。使用這類藥物的跑步者如果有抽筋情況，應該諮詢醫生並且研究有沒有替代藥品。

以下是一些應付抽筋的辦法：

- 延長熱身時間，熱身動作輕緩
- 縮短每段跑步的距離
- 降低健步的速度，多健步
- 天氣濕熱的時候，縮短行程
- 把跑步分為兩部分
- 注意任何能導致抽筋的活動
- 在運動開始的時候服用緩衝鹽片劑

注意：如果你有高血壓，在服用任何含鹽產品前向醫生諮詢。

胃部不適或腹瀉

　　或早或晚，幾乎每位跑步者都經歷過至少一次噁心或腹瀉，它往往是因為體內所有壓力聚集導致的。最常見的是由以下所列原因導致的跑步壓力。

　　但是，壓力是個人在許多獨特狀況下綜合的結果。身體刺激到噁心、腹瀉來令你減少運動，同時就能減少壓力，以下是一些常見原因：

1. **跑步太快或太遠**。這是最常見的原因。跑步者都對此感到困惑，因為他們在跑步開始的時候感受不到配速過快。每一個人在疲勞度達到一定水準的時候，就會引發這些狀況。降低速度、多採用健步間歇就有助應付這一問題。

2. **跑步前吃得太多或太快**。身體系統就不得不在跑步時全力以赴，非常辛苦地消化食物。跑步前吃得又多又快就會增大壓力、導致噁心等。胃部有食物，消化過程會產生額外壓力、很有可能打消了心中的目標。

3. **進食高脂、高蛋白食品。**哪怕只有一餐的熱量超過有一半是脂肪或蛋白質，也有可能導致幾個小時後頭暈或腹瀉。

4. **跑步前一天的下午或晚上吃得過飽。**豐盛的晚餐在第二天早上還會囤在腸子裏，慢慢消化。當你在跑步的過程中蹦蹦跳跳，身體系統就產生壓力，導致頭暈、腹瀉。

5. **炎熱和潮濕。**是這些問題的主要原因。有些人不太適應炎熱的天氣，即使溫度或濕度上升了一點就會發生噁心或腹瀉的狀況。但在炎熱的時候，每個人的中心體溫都在上升，對身體系統產生很大的壓力——往往也會造成噁心，有時也會腹瀉。通過降低速度、多採用健步間歇、頭上澆水就能更好地應付這些問題。

6. **跑步前飲用過多的水。**如果胃部裏的水過多，消化系統會因而產生壓力。把水分攝入量降到最低，大多數跑步者在短於 60 分鐘的跑步中不需要飲用任何液體。

7. **飲用過多糖分或電解質飲料。**水是人體最易吸收的物質，額外的糖分或電解礦物質，比如運動型飲料，會令物質更難消化。在跑步過程中（特別是天氣炎熱），如果你曾經有反胃、腹瀉或其他問題，最好只飲水，當中又以冷水最佳。但是過多的水也會令身體系統出現問題。

8. **在跑步後太快飲用過多的液體。**即使你已經非常口渴，也不要在跑步後短時間內大口喝下大量的液體。嘗試在每 20 分鐘內飲用不超過 6-8 盎司的液體。如果你是容易反胃和腹瀉的體質，每 5

分鐘喝上 2-4 小口。在身體疲勞和壓力大的時候，飲用糖分飲料就不太好了（運動型飲料等）。消化糖分產生額外的壓力會導致其他的問題。

9. **不要讓跑步產生壓力**。有些跑步者非常沉迷於把跑步維持在一個特定的速度，但這會帶來壓力的。放鬆，讓跑步來緩解生活中的緊張。當你面臨許多「生活壓力」時，可以推遲一次速度鍛煉，此時想着加快跑步的速度會提高你的壓力水準。輕鬆地慢跑吧！你應該充充電，而不是堅持原有的訓練計劃。

頭痛

跑步者在跑步中的頭痛可以有幾種原因，普通的跑步者大約一年會頭痛 1 到 5 次。艱難的一天，跑步所產生的額外壓力會激發頭痛。儘管你在跑步中放鬆自己，這種情況也會發生。許多跑步者發現服用一次非處方頭痛藥物可以解決問題。像往常一樣，在服用藥物的時候諮詢你的醫生。以下是一些原因、對策：

1. **脫水**。如果在早上跑步，確保前一天已經充分補水。如果在早上跑步且有頭痛，避免飲用酒精。如果你正在頭痛的話，同時觀察頭一天晚餐的鹽分（或者整天鹽分）是否攝入過多。在跑步前一天飲用好的運動型飲料，會有助於保持體內液體的水平、補充足夠的電解質。如果在下午跑步，遵照跑步日的跑步建議。如果跑步前一個小時脫水，那時補充超級大量的水分是無益的——6-8 盎司就可以了。

2. **服藥往往導致脫水**。有些藥物會讓跑步者容易頭痛，諮詢醫生。

3. **天氣對你來說太熱**。在一天中較涼爽的時間跑步（通常在太陽升起地平線之前的清晨）。天氣炎熱時跑步，在頭上澆些水。

4. **跑得有點過快**。起跑時慢一些，在跑步的前半段多健步走。

5. **跑得比最近一次還遠**。監測跑步里數，不要讓里數增加超過最近一次跑步的 15%。

6. **血糖水準低**。確保你在跑步前 30-60 分鐘內進食零食來推進血糖濃度。如果你已經習慣了，飲料中的咖啡因有時也有助於緩解這種情況。

7. **容易偏頭痛**。一般要避免咖啡因，並且盡全力避免脫水。和醫生聊聊其他的可能性。

8. **觀察頸部和腰部**。如果你在跑步時身體稍微前傾，脊柱就會產生壓力，特別是頸部和腰部。閱讀本書的跑步姿勢章節，直立地跑步。

感冒時應該跑步嗎？

感冒的健康問題因人而異，當你有感染的狀況時，運動前務必跟醫生談一談。

肺部感染：禁止跑步！肺部的病毒可能會轉移到心臟、令你喪命。肺部感染通常伴有咳嗽的症狀。

普通感冒？許多感染起初看起來只是普通感冒，但其實不是。至少應該在跑步之前致電醫生確認是否能跑步。一定要解釋清楚你要跑多少路程，如何跑以及正在服用甚麼藥物。

喉部及以上感染：大多數跑步者都能繼續跑步，但要先得到醫生的核准。

街道安全

每年都有幾個跑步者在跑步時被車撞倒，大多數事故都是可以預防的。以下是發生這些事故的主要原因以及你要如何處理。

司機醉駕或邊打電話邊駕車

一直要保持警覺——即使在行人道或者街道上跑步。大多數致命的撞車事件發生在司機對車失去控制或後面的跑步者跑錯了方向。我認為右腦是最佳的操控者，但如果能一直觀望路況，就能避免生命受到威脅。

跑步者違反交通燈衝出路口

當和另一個人一起跑步或健步時，不要嘗試盲目地穿過十字路口。那些快速衝刺到馬路對面、罔顧周圍情況的跑步者常常會被突然駛來的車嚇到。最佳規則就是你在兒時所聽到的：過馬路時，先停下來，再看看交通狀況如何。看看左右兩邊，在過馬路時再不停地看左右兩邊（一次又一次）。如果忽然有車從任何方向出現的時候嚇着你了，就先停止過馬路。

有時候，跑步者在邊說邊跑的時候會忽然跑到馬路上

是的，聊天並享受和朋友在一起的時光吧。可是，每一個群體中的跑步者都應為自己的安全負責。我所見過的最大錯誤，就是跑在隊尾的人們認為他們完全不用緊張周圍的交通狀況。大意其實就是最危險的情況。

一般來講，通過遵循以下規則、把它們靈活運用到各自的狀況中，時刻準備把自己從各種交通問題裏解救出來。即使以下這些規則很淺顯易懂，但每年還是有許多的跑步者因為忽視了這些規則被車撞倒。

- 時刻留意交通狀況。
- 假設所有司機都是醉駕或瘋狂駕駛或兩者皆有。當你看到車輛移動得很奇怪時，就離開那條街道。
- 出於安全，跑步時一直預先設想稍後會遇到的路面狀況。
- 儘可能遠離馬路跑步。若有可能，在人行道或者運動徑上跑步。
- 逆向交通行駛方向而跑。很大比例的交通死亡來源於那些順着交通行駛方向而跑的人，因為他們沒法留意背後的安全威脅。
- 夜晚跑步穿戴反射鏡。關於反射鏡拯救生命的例子我已聽說無數次了。
- 把握好自己的安全，你是公路上唯一一位常常會拯救自己的人。

狗

當你闖入一隻狗的領土時，可能會遭遇一些麻煩。以下是我應付"遇到狗狗日"的一些建議：

1. 這些很好的工具可以幫助你阻止狗的襲擊：隨便一根棍子、石頭、電子訊號儀和胡椒噴霧。如果你位處新區或一處有狗隻的地方，建議你還是隨身攜帶這些工具。

2. 出現一隻狗向前走的跡象或狗吠的時候，嘗試尋找狗隻所在的位置和牠的領土範圍，判別狗隻是否真正產生威脅。

3. 最佳辦法就是更換跑步路線。

4. 如果你真想或者不得不從狗隻身邊經過，在沒有其他預防狗隻襲擊的工具時，拾一塊石頭備用。

5. 觀察狗尾巴，留意狗的尾巴是否搖擺。

6. 當你靠近狗的時候，狗吠及向你靠近是很自然的。拿起石頭裝作你要把它投向狗。我的經驗是：90%的情況下，狗都會後退。你在穿過狗的領土範圍時，可能需要多次重複這一動作。一直保持你的手臂高高舉着。

7. 在某些情況下，你需要把石頭扔出去，甚至在狗隻窮追不捨的時候，還得多扔幾塊。

8. 我也遇過極少的、少於1%的遭遇：狗隻可能因為某些原因而不斷跟着你。通常情況下，狗背上的毛會豎起來。一定要找一個可以躲避的障礙物，大聲叫嚷，看看狗主人或者其他人是否能伸出援手。如果有車經過，向司機示意降速或一直跟在車的後面直到你離開狗的領土範圍，再或者酌情尋求保護、躲在車裏。

9. 鍛煉自己的聲音。有時需要深沉的命令聲，有時需要使用高音調的聲音。不管你的聲音如何，儘量表達得有自信而威嚴。

痛楚的解決方法

在以下這些地方首次出現疼痛或刺激的跡象時，閱讀本書談及受傷的章節。最好停止跑步，休息 2 到 3 天，然後嘗試調整跑步姿勢。在大多數疼痛的地方，我已發現伸展運動只會令情況惡化。

脛骨：脛骨疼痛或小腿前段疼痛

注意：即使你糾正了自己的錯誤，小腿的問題也要花幾個星期才能回復。只要脛骨不是壓力性骨折的問題，輕鬆跑步和徹底停止跑步休息癒合得一樣快（或更快）。一般來說，具有脛骨骨膜炎的大多數跑步者都能跑步；僅僅需要降低跑步的強度，以免刺激到傷痛。

原因：

- 加速過快：先健步 1-2 週，再以小步幅輕輕地健走
- 跑步過快，哪怕只跑了一天：有疑慮的時候，在所有地方都跑慢點、走慢點
- 跑步或健步步幅過長：縮短步幅，多使用"拖步法"

脛骨內側疼痛（後脛痛）

原因：

- 同小腿前段疼痛的三大原因一樣，見上
- 更普遍的原因是跑步者過度前旋；這意味着他們在把腳向內拐的時候用力過度
- 鞋子過於柔軟，無法令柔軟或前旋的腳正常向內旋轉

糾正辦法：

1. 縮短步幅長度
2. 在開始跑步的時候，加大健步在跑走結合中的比例
3. 如果腳的前段傾向於旋轉過度，找一雙穩固的、好控制的運動鞋
4. 向醫生諮詢是否有可以幫到你的腳部工具

肩膀和頸部肌肉疲勞、緊張

主要原因：

- 跑步的姿勢過於前傾

其他原因：

- 跑步時雙臂和身體距離過遠
- 跑步時雙臂和肩膀擺動幅度過大

糾正辦法：

1. 在跑步和健步中，每隔 4-5 分鐘使用 "連線木偶" 想像，尤其在較長的距離中
2. 觀察手臂保持的位置，儘量讓雙臂貼着身體
3. 將雙臂的擺幅減至最低，保持雙手緊貼身體，輕輕觸碰到上衣或者在雙臂擺動的時候碰到短褲外面

背部下方：緊張、疼痛或跑步過後疼痛

原因：

- 跑步時身體過於前傾
- 步幅過大

糾正辦法：

1. 在跑步和健步中多次使用"連線木偶"想像，尤其在距離較遠的時候
2. 諮詢運動治療師是否可以做一些加強運動來改善
3. 有疑慮的時候，縮短步幅
4. 更多資訊，見《不受傷，跑到 100 歲》

跑步結束時，膝蓋疼

原因：

- 步幅可能過長
- 運動過度、過快
- 從跑步開始，健步間歇不夠多、不夠規律
- 當負責跑步的重要肌肉疲勞時，身體傾向於左右搖擺

糾正辦法：

1. 縮短步幅
2. 儘量緊貼地面，多多採用拖步法
3. 監測記錄本中的里程數，保持每週增加不超過 10% 里程
4. 跑步中多使用健步間歇
5. 開始時，採用較慢的步速

膝蓋後方：疼痛、緊張或持續疼痛、虛弱

原因：

- 你在做伸展運動
- 步幅很誇張——尤其在跑步快要結束的時候

糾正辦法：

1. 不要做伸展運動
2. 保持步幅在應該控制的範圍內
3. 腳板儘量貼着地面

腿筋：緊張、疼痛

原因：

- 伸展過度
- 步幅過長
- 當你的一隻腳向回邁時，另一隻腳離開地面過高

糾正辦法：

1. 不要做伸展運動
2. 保持步幅短小，一直放鬆腿筋——尤其在跑步快結束的時候
3. 跑步開始時多健走，有可能的話把健走貫穿整個跑步
4. 腿在後面邁步時，較低的那條腿升起的高度不應該超過前面那條和地平線平行的腿再次邁出的高度
5. 按摩有時能緩解這些肌肉

股四頭肌（大腿前端）：疼、疲勞、痛

原因：

- 膝蓋抬起過高──尤其在疲勞的時候
- 當股四頭肌降低速度爬坡的時候，跑得過快也會造成傷痛

糾正辦法：

1. 膝蓋抬起一點或儘量不要抬起──尤其在跑步要結束的時候
2. 拖步走
3. 以最小步幅經過坡頂，疲勞的時候不要增大步幅
4. 如果下坡時跑步速度過快，縮短步幅直到速度降低，以及在下坡路上多採用健步間歇

腳或雙腿低處疼痛

原因：

- 彈跳過猛
- 用力過度
- 鞋不合腳或已破損
- 鞋墊破損

糾正辦法：

1. 保持雙腳低到地面
2. 雙腳輕輕觸地
3. 檢查跑鞋是否破損嚴重
4. 可能需要一雙新鞋墊

40、50、60、70 歲以後的跑步

每年我都聽到很多人告訴我：他們希望自己能跑步，但可惜沒有在自己更年輕的時候就開始跑——感覺現在已經太遲了。幾分鐘內，這些人就希望他們從來沒這麼對我說過。我告訴他們：每年我和幾百位年齡在 40 多、50 多、60 多、70 多甚至是 80 多歲的人一起工作，幫助他們邁出人生的第一步。他們中的大多數在半年內就變成了跑步者。許多人還完成了馬拉松——是的，即使是 80 多歲的長者……在一年內。

本書裏所描述的訓練原則適用於不同年紀的人。如果你在恢復和休息的時候能稍加壓力，身體就能重建得更強壯。

心理獎勵在任何年齡都是一樣的。內啡肽能讓你的肌肉感覺更佳。跑步之後，你在一整天內都能有一個更佳的態度，每次跑步都能賦予你其他活動所無法帶來的輕鬆感覺。

跑動我的人生（艾略特・蓋洛威）

我爸在他 40 多歲的時候越來越癡肥，身材走樣

得厲害，每次都有不同的藉口説他自己為甚麼不能運動。到他 50 歲生日的時候，我甚至放棄鼓勵他去運動了。他的"現實檢測"源於一次高中同學聚會。

昔日的足球隊員共 25 人，只有 12 人在 52 歲的時候還活着。在他開車回家的時候，醫生和其他人所給的建議再次迴響於耳邊。他意識到下一個離開世界的人可能就是他自己了，儘管他剛剛成立了一所創意學校，生活好像才剛剛開始。

前全州運動員對他的首次跑步感到震驚：之前他只跑過 100 碼左右。但是，他堅持下來了。每隔一天，他的任務就是回家之前多跑一個電話亭的距離。

一年內，他可以有規律的繞着寫字樓前方的高爾夫球場跑上 3 英里。又一年過去了，他成功完成了 Peachtree 10 公里公路賽。

加上另外 3 年的訓練，他完成了一場馬拉松比賽。最令我驕傲的是：我的父親在他 80 多歲的時候，還能每週健步加跑步 20 多英里。

今天，我和許多認為自己"走下坡"的跑步者一起工作着。甚至連 80 多歲的初跑者都能抓住跑步的精彩時刻，感到越來越舒適。他們都沒法相信自己現在感覺一天比一天好。説實話，這些人都是我眼中的英雄，我希望能像他們一樣擁有自己的晚年生活。

身體復元速度在 40 歲後降低

我從 13 歲時開始跑步，留意到了一些不容易被人們察覺的微妙變化。只有在我回顧過去 50 年來的跑步時，才能看到這些趨勢和殘酷的現實。

- 人過 40，身體復元的速度逐年降低
- 與此同時，專注力提升，所以你有可能讓自己過於勞累
- 到 55 歲時，相比 40 歲的復元速度，大幅降低
- 到 65 歲時，甚至相比 55 歲的程度，大幅降低

- 每年持續以同樣的方法訓練會導致受傷、持續性疲勞或筋疲力盡
- 每次跑步熱身時間更久
- 任何類型的快跑，均會大大增加恢復所需的時間

我的經驗：健步間歇、降低配速

在接近 40 歲生日的時候，我開始留意一週跑步 6-7 天會讓雙腿疲勞感持續增加。所以，我決定按照我向其他 40 歲以上、具有同樣感受的跑步者的建議：隔一天再跑步。大約 4 週之後，我的雙腿又好起來了。但在之後的 2 年，因為需要更多的內啡肽，我在一週內只跑 3 次，但其實我想多跑一些。漸漸地，我增加了跑步的日子。現在，我 60 歲了，又回到了每天跑步的日子。

為甚麼我甚至在隔一天跑步後，現在反而能比以前跑得更多了呢？因為我現在跑得更慢了，健步間歇也更頻繁了。在每次跑步開始的時候，每分鐘我都會使用健步間歇。3 英里後，我會大約每 3 到 4 分鐘便健步一下，但有時還是一分鐘就健步。我會根據當日身體的狀況進行調整。

每週應該跑幾天？

我並不提倡你嘗試和我跑得一樣多。我在跑過 50 年以後，發現很多直覺竅門，令我 25 年以來沒有發生過一次跑步過度型受傷。可隨意遵照我的範例。

每週少跑幾天是降低受傷風險並維持幾十年來身

體狀況的最好辦法。即使是跑步者每週保持相同的里數，他們也能通過減少每週跑步的日數來降低受傷風險。

按年紀調整每週跑步日數

如果你正承受着較多傷痛及疲勞，但較少愉悦感的話，就少跑幾天吧。

35 歲以下	36-45 歲	46-55 歲	56-65 歲	66-75 歲	76 歲以上
不超過 5 天	4 天	隔天跑	3 天	跑 2 天、走 2 天	跑 2 天、走 1 天

你想從跑步中得到甚麼？

這對每個人來說都是最重要的問題——特別是 40 歲以上的跑步者。對我來說，答案很簡單——我希望幾乎天天都能無傷跑步，跑完餘生。這就是我降低速度、多健步的原因。我的自我已經能調整到更慢的跑步，我知道因為跑得更慢了，每天反而更開心了。

我在第一章裏提過，你就是跑步艦艇的船長。如果你希望每次跑步都能堅持一段距離，或不要慢於一定的配速，或在當地公路賽中贏得年齡組中的名次，這是你自己的權利。但是，請隨時準備好運動醫生的電話在手邊。

對於每一個你自己的目標，你必須承擔後果。換句話說，如果你因為追趕比你快的跑步者或跑步隊伍而受傷，你應該意識到這是自作自受的結果。

每一天、每一年，你都有許多選擇達到你期望的最終跑步成果。深思熟慮並作出相應的規劃。

一系列的小問題……

我們的身體會要的一個小把戲：哄騙我們即使是 60 多歲了，還能跑到我們在 30 多歲時的鍛煉成績。不幸的是，經過這些艱苦的鍛煉後，所需的恢復時間相比 30 年前要多得多。

1. 把"社交跑步"加入到比賽中。當我們感覺良好時，就不太容易迷失自我。年長的跑步者往往會發現他們的跑步速度和步伐有時在開始時很輕鬆，有時在跑步結束時很輕鬆。但在第二天，以及第二天以後，情況就完全不同。

2. 在炎熱天氣下或有坡度的場地時，嘗試在一定時間內維持一樣的速度會令人非常疲勞。腦袋會隨着我們變老和我們作對。你的思想能記得當配速輕鬆的時候，你會專注於為目標而繼續跑步。最好能夠靈活應付跑步的距離、配速、場地和天氣。

3. 短跑日子中的垃圾里數最好用於非跑步日來休息。大多數情況下，最好能在短里數跑步日休息一天——然後再把這些里數加到那一週跑步的日子裏。

4. 起步跑得過快——即使是每英里快了幾秒鐘，也會令你更加疲勞。如果你能在跑步初始 2-3 英里內跑得比你的原本速度還要慢一些，雙腿就會感覺更好。

5. 伸展過度會拉傷肌肉、撕裂肌腱纖維，令所有跑步者延長癒合時間。隨着年長，這種損傷的修復時間就會更久。一個過度拉伸的動作未必會成為一次伸展過度。在我發覺伸展對於大多數合作過的跑步者毫無益處時，我就不再建議進行伸展了。如果你很喜歡伸展運動，要非常小心。

6. 速度超過個人能力或跑步超過耐力範圍一英里甚至以上會大大增加身體恢復的時間，即使是年輕的跑步者也會為這些波動而付出代價。年長的跑步者，雙腿可能因為用力過度、缺少彈性和韌性而需要相當長的時間。

7.　跑步姿勢變化會隨着年長而產生更多疲勞感和肌肉損傷：

- 步幅過長
- 彈跳距離地面過高（哪怕僅高了半英吋）
- 後踢過遠

　　你可能會拒絕增加健步間歇的次數，因為它太"娘"了。但我很驕傲在每天跑步的時候成為一個很"娘"的跑步者——而非因為從不採用任何健步間歇而被迫成為一個袖手旁觀的教練。

特別報告：心臟病與跑步

　　跑步往往會對心血管疾病產生免疫效果。但是，跑步者比起久坐不動的人來說，更容易因為相同的致病風險而導致心臟病。我知道一些遭受心臟病和中風的跑步者，本來只要接受一些簡單的測試就能完全避免這一現象的發生。

　　心臟是人體最重要的器官。本小節所提供的指導能有助於你對自己的健康負責，為長壽和生命的品質好好照顧最重要的器官。像往常一樣，你需要從了解你個人狀況的心血管專家那裏獲得關於你個人情況的建議。

檢查身體是否有以下風險因素，如果包含一、兩項，情況就算嚴重

- 家族遺傳
- 早期不良的生活方式
- 高脂、高膽固醇飲食
- 曾經吸煙——或仍吸煙
- 過度肥胖或嚴重超重
- 高血壓/高膽固醇

測試

- 壓力測驗：跑步時監測心臟，難度逐漸增加
- C反應蛋白：風險增加的一個指標
- 心電圖：心臟電子掃描圖像可以顯示動脈鈣化，也能看出動脈狹窄
- 放射性染色測試：有效定位阻塞的部位，和醫生聊聊這個吧
- 頸動脈超聲波測試：有助於判別你是否有中風的風險
- 踝肱測試：顯示全身動脈是否聚集齦下菌斑

　　所有這些都不是安全無比的，但通過心血管醫生的檢查，你增加了生活的機會，直到肌肉無法進一步推動你跑到一百歲。

結語

跑步的終極目標：
成為一名好教練

　　鞏固你從跑步中學習到的最佳辦法就是幫助一個人開始跑步。不僅讓你意識到自己在跑步中學到的知識，你也會發現當你把它們講解給一位新手時，自己會更好的學習訓練原則並且更享受跑步帶來的樂趣。

　　其實，這種經歷最美好的部分是內在的滿足感。你不僅在幫助別人，你還向他們介紹了一種可以提升生活品質的活動。大多數情況下，新手跑步者會不定時地在你的餘生表示感謝。

來一本好教材──這本書

　　從最初開始，一次學習一章。為他或她強調這本書的關鍵資訊。你不需要在每一章都這麼做，但它真得有利於每一個新手找到正確的方向。

享受每一節──特別在第一個月

　　如果你的學生跑得氣喘吁吁，讓他在每次跑步開始的時候降低速度、多健步。如果還是很艱難的話，當天立即停止。

當你懷疑有低血糖的情況出現時，在跑步開始前大約30-45分鐘，分享能量棒、咖啡、茶等。跑完一節就獎勵——特別是能補充能量的零食：由 80% 的碳水化合物和 20% 的蛋白質組成。在一些特殊情況下，獎勵比平時更奢侈的零食。

尋找更有趣的跑步場地 —— 風景區、平坦的跑道

大多數時，鄰近辦公室或家的跑步路線最適合繁忙的人們。一週一次到有趣的地方遠足，也是相當有收穫的。跑步的地方最好能豐富多彩，你應該多給自己的學生一些選擇。

每次跑步，講一個笑話、有趣的故事和有爭議性的話題

這將打破僵局，注入幽默感，有助於培養積極的關係。對於不太能適應的初跑者來說，一點幽默往往和鞋子、衣服一樣備受重視。

不要揠苗助長，但要鼓勵

訓練中最困難的一個決定是要前進還是後退，應該輕拍背部還是狠踢屁股。一般來說，最重要的是讓他能夠從室內來到跑步場地、有規律地運動。當動力不足時，每隔一天便少跑一些。意識到不管怎樣都希望初跑者真正上鈎，必須從內心培養他的慾望。

獎勵有效！

經過幾週以後，或者達到一定程度的訓練水準，以驚喜的方式來獎勵他。獎勵不一定是很昂貴或很特別的。獎勵會令初跑者把注意力集中在他或她的進步上鈎，為穩定付出的辛勞而感到滿足。

訓練完成後，找一個有趣的比賽來參加

比賽對於初跑者來說是積極的經歷，當他們有一個好的領導者時，往往能夠輔導他們通過這次經歷來平復心中的焦慮、一齊分享慶祝。初跑者幾乎常常會意識到他或她和比賽中的大多數跑步者毫無兩樣。

向他們講述你的錯誤

當你開誠佈公地向初跑者講述自己的故事，教育往往會更加深刻。

不要過度推薦跑步

能堅持跑步 6 個月的，感受到好處的人就會繼續下去。如果你花了一個小時來闡述跑步（或）健步的各種好處，學生還是無動於衷，你就知道自己已經過界了。經歷比傳道要有力得多——當然兩者都是訓練過程中的一部分。

你的最大獎勵將是一位獨立的跑步者

當你的學生需要的指導越來越少時，把它當成是真正的讚揚吧。這就意味着你成為了一個優秀的教練，他或她已找到一個嶄新的自己並豐富了生活。

一個跑步者預計要多少年才能提高成績呢？

大多數跑步者需要至少 10 年才能持續改善自己的跑步。一些跑步者在跑得更快的時候被別人追上，也是跑步中最令人沮喪的。

　　儘管在這一方面也會受到許多外在因素的影響，大多數跑步者預計也要大約 5 年的時間來提升跑步時間，那些非常專注的跑步者就能持續改善成績。

　　即使你的跑步時間得到提升，我建議你多多發現跑步的樂趣，它們能不斷的豐富你的生活。你可以選擇參加每一州、每一個地區或每個國家的比賽。

　　隨着跑步朋友的增多，一年內舉行 2 至 4 次聚會。舉辦一次家庭挑戰賽，選擇大多數家庭希望拜訪的地方進行會面。

　　跑步改善的最佳形式來源於內心。我自己跑步非常快的日子已經一去不復返，但是我比以前更享受現在的跑步。事實上，每天我都因為跑步而感到更開心、工作得更棒、思維更清晰。沒有甚麼能比這樣更好了！